JN169081

中古中世語論攷

岡崎正継 著

和泉書院

目次

凡例

語法篇

語彙篇

キリシタン資料篇

凡例

一、本書は、語法・語彙・キリシタン資料に関する既発表の論文をまとめたものである。
一、各章の統一をはかるために、原論文の表記を改めたところがある。また、引用文以外の仮名遣いは現代仮名遣いに改めた。
一、各章の末尾に初出の情報を記した。
一、編集にあたって、語法篇・語彙篇は吉田永弘（國學院大學）、キリシタン資料篇は紙尾康彦（開成学園）が担当し、入力・校正に國學院大學院生諸氏（富岡宏太、高桑恵子、堀川宗一郎、松本昂大、米元大輝、呉寧真、蛭川真衣、山野瞭、横山友莉子）の助力を得た。

本書の出版を引き受けてくださった和泉書院の廣橋研三氏に厚く御礼申し上げます。

語法篇

第一章　推定伝聞の助動詞「なり」について

——その承接と意味——

序

江戸時代以来、詠嘆の意を表すものとされてきた「なり」について、それが推定伝聞の意を表すものであるということを明らかにされたのは、松尾捨治郎氏であった。(1) 氏のこの推定伝聞説は、当初は賛同者も少なく、世に広く認められるところとはならなかったようであるが、今日では、定説として世に認められるに至っている。これは、もとより氏の学識の深さ、洞察力の確かさによるところであるが、同時に、昭和二十年代以後に発表された、推定伝聞説を支持する諸氏の多くのすぐれた論考(2)に負うところも大きかったと思われる。

さて、この推定伝聞説の確立によって、終止形接続(3)の助動詞「なり」が推定伝聞の意を表し、連体形接続の助動詞「なり」が断定（および存在）の意を表すということが明らかになったのであるが、しかし、古典語の読解に当たっては、時に、推定伝聞と断定の判別に迷う場合がある。また、仮に推定伝聞の「なり」だと分かったとしても、その「なり」について、さらに、推定と伝聞の判別に苦しむ場合がないわけではない。

そこで、本章では、この推定と伝聞を判別するための基準を、その構文上の形式——主として、承接と呼応——にどの程度求めることができるかということを探ってみることにした。

調査は源氏物語を中心に行ったが、使用資料は次の通りである。

源氏物語＝『源氏物語大成』校異篇本文

竹取物語・伊勢物語・大和物語・土左日記・蜻蛉日記・枕草子・更級日記・堤中納言物語・栄花物語

＝日本古典文学大系本

なお、引用に当たって、漢字を宛て、仮名遣いを正すなど、私に手を加えた。

一　推定伝聞「なり」と断定「なり」の判別

本論に入る前に、既に知られている、推定伝聞の助動詞「なり」と断定の助動詞「なり」の形態による判別基準(4)（中古語についてのもの）について簡単に紹介しておきたい。

推定伝聞の助動詞

a「言ふならく」「聞くならく」の「なら」（漢文訓読語脈での用法）。

b助動詞「き」「つ」の付いた連用形の「なり」。

c助動詞の付いていない連体形の「なる」（係助詞「ぞ」「なむ」の結びを含む）。

d係助詞「こそ」の結びの「なれ」。

e撥音便形（撥音便の「ン」は、極少数の例外を除いて、表記しない）の下の助動詞「なり」。

断定の助動詞

(a)右のa以外の未然形の「なら」。

(b)助動詞「けり」「けむ」の付いた連用形の「なり」。
(c)主語を格助詞「の」または「が」で示し、述語を「なり」で結んだ構文の、終止形の「なり」。
(d)助動詞の付いた連体形の「なる」。
次に、源氏物語に見られる右のb～eの用例を示す。
b さやうなることもいふなりし。(蜻蛉)
いとど愁ふなりつる雪、かき垂れいみじう降りけり。(末摘花)
c 心恥かしき人住むなる所にこそあなれ。(若紫)
対の御方の悩み給ふなる、とぶらひ聞えん。(宿木)
思しとどまるなるを聞し召して、(梅枝)
御格子どもぞ下ろすなる。(東屋)
二条の院になんおはしますなる。(宿木)
(右のほかに、「なるが」「なるに」「なるなど」「なるは」「なるも」「なるこそ」「なるものを」「なるかな」「なるをや」などがあるが、ここでは用例を省略する。後出の用例を参照されたい)
d さる人こそかやうには悩むなれ。(宿木)
e ゐざり出づる人あなり。(若紫)
もろこしにだに聞えあむなり。(玉鬘)
御本意のことは、よろしきことにはべなり。(御法)
かかる人は、罪も重かなり。(柏木)

おいや、聞きし人なり。（宿木）

ほかざまへ思ひなり給ふべかなれば、（東屋）

やむごとなきさまにはもてなし給はざなれど、（浮舟）

右の判別基準によると、未然形「なら」・連用形「なり」・連体形「なる」については、形態上から推定伝聞と断定とを判別することができるが、e・(c)以外の終止形「なり」、または、d・e以外の已然形「なれ」が終止連体同形の語に付いている場合には、形態上からは判別することができないということになる。したがって、これらの、形態上からの判別の不可能な「なり」「なれ」については、それぞれの場の前後の文脈によって判断するしか道がないということになる。

二　推定伝聞「なり」の意味・用法

終止形接続の「なり」が推定伝聞であることを唱えられた松尾捨治郎氏ご自身は、その「なり」の表す意味について、

音を聞いての想像から一転して伝聞の意となり、再転して推定の意となつたのである。（『万葉集語法研究　助動詞篇』昭和二十一年成、笠間書院・昭和五十三年刊、一一六頁）

のように述べておられる。これによると、松尾氏は、「なり」の意味として、音による想像[5]・伝聞・推定の三つのものを認めておられたことが知られるが、大野晋氏も、内容は松尾氏とは異なるものの、その意味を三分類される。

(1)音・声などが聞えて来る意を表わす。……ノ声ガキコエル。……ノ声ガスル。
(2)音をたよりにして推量する意を表わす。……ラシイ。……ヨウダ。
(3)事態を噂によって肯定する意を表わす。……トイウコトダ。……トイウ話ダ。……トイワレテイル。……ダソウダ。（『時代別作品別　解釈文法』至文堂・昭和三十年刊、二五頁〜二六頁）

平安時代の推定伝聞の助動詞「なり」の表す意味の分類は、基本的には、この大野氏の三分類によるのがよいと思われるが、やや詳しく説くとすれば、以下のようになる。

①　音・声が聞えてくる意、または、聞えてくるようだという意を表す。……ガ聞エル。……ヨウダ。

　妻戸をやはらかい放つ音すなり。（堤中納言、花桜をる少将）

　臥して聞けば、鶯ぞをりはへて鳴くにつけて、おぼゆるやう、

　　鶯も期《ご》もなきものや思ふらん水無月果てぬねをぞ鳴くなる（蜻蛉、中）

　「丑四つ」と奏すなり。（枕、三一三）

　心細くうたひ来る舟あり。ゆきちがふほどに、「いづくのぞや」と問ひたれば、「石山へ人の御迎へに」とぞ答ふなる。（蜻蛉、中）

　ある者ども、「この乾の方に火なん見ゆる。門出でて見よ」などいふなれば、「もろこしぞ」などいふなり。（蜻蛉、下）

この①の場合、「……ガ聞エル」と「……ヨウダ」のいずれがよいかを、一つ一つの用例について確定するのはかなり困難であるが、右の第二例などは、地の文に「鶯ぞをりはへて鳴く」と書いたものを、歌では「鳴くなる」と表現しているところから見て、「……ガ聞エル」の訳語をあてる方がよいのではないかと思われる。

次の用例は、声が聞えてこない場合のものであるが、これなども、この①の類に含めることができよう。

「をぎの葉、をぎの葉」と呼ばすれど、答へざなり。（更級）

なお、この場合は、「答エナイヨウダ」のように、「ヨウダ」を用いて訳すことになろう。

② 音・声・話（主として相手の話）などによって推定する意を表す。……ヨウダ。……ヨウダナ。……ヨウダネ。

かならず来べき人のもとに車をやりて待つに、来る音すれば、さななりと人々出でて見るに、（枕、二五）

明くれば、二月にもなりぬめり。雨いとのどかに降るなり。格子など上げつれど、……（蜻蛉、下）

前駆たかう追ふ声すれば、「殿参らせ給ふなり」とて、散りたるもの取りやりなどするに、（枕、一八四）

かくや姫、……「…… いそのかみの中納言には、つばくらめの持たる子安の貝一つとりて、給へ」といふ。

翁、「難きことどもにこそあなれ。……」といふ。（竹取）

「双六打たん」といへば、「よかなり。物見償《つくの》ひに」とて、女打ちぬ。（蜻蛉、上）

③ 他人の話・噂・故事・諺・風俗・習慣・俗信・和歌・漢詩文・法語などを、伝聞したこととして、または、書き物で知ったこととして表す。……ソウダ。……トイウコトダ。……ト聞ク。……ト聞イテイル。……トイウ話ダ。……トノコトダ。

聞けば、侍従の大納言の御女亡くなり給ひぬなり。（更級）

われは母上に似奉りたるとこそは古人どもいふなりしか、………、と思し比ぶるに、（源氏、東屋）

「人出で給ひなば、とく鎖せ。このごろ盗人いと多かなり。火危ふし」などいひたるが、（枕、一七九）

「夜語らず」とか、女ばらの伝へにいふなり。（源氏、横笛）

「いやしきも（6）」といふなれば、すべてすべて聞えさすべきかたなくなん。（蜻蛉、中）

この寂しき宿にも、必ず分けたる跡あなる三つの道、とたどる。（源氏、蓬生）

「仏の御しるべは、暗きに入りてもさらに違ふまじかなるものを」と宣ふ御声のいと若う、（同右、若紫）

中古語における推定伝聞の助動詞「なり」の用例は、右の①〜③の類のいずれかに属することになると思われるのであるが、次のような用例も見出される。

「宰相の中将こそ参り給ふなれ。例の、御匂ひいとしるく」などいふほどに、（堤中納言、このついで）

しかし、匂いによって推定する意を表すと見られる用例は、稀でもあり、特異なものである。(7)

なお、以下、源氏物語に見られる推定伝聞の助動詞「なり」についての考察に移るが、以下では、考察の都合上、右の①②を総称して推定と呼び、③を伝聞と呼ぶ。なお、必要に応じて、①を聞音と呼ぶことにする。

三　連用形の承接と意味

源氏物語には、推定伝聞の助動詞「なり」が三五五例(8)（連用形・六例、終止形・九八例、連体形・一四八例、已然形・一〇三例）用いられているが、それらを意味の上から推定と伝聞とに分けると、約一〇〇例が推定の意を表し、残りの約二五〇例が伝聞の意を表しているということになる。これらの中で、承接によって表す意味がほぼ確定できるのは、連用形「なり」と連体形「なる」である。そこで、まず連用形「なり」についての考察から始めることとしたい。

連用形の用例は、わずかに六例（地の文・二例、心話文・三例、会話文・一例）を数えるに過ぎない。

狐めくものや取りもて往ぬらん、いと昔物語のあやしき物のことの譬ひにか、さやうなることもいふなりし、

と思ひ出づ。（蜻蛉、心）

われは母上に似奉りたるところは古人どもいふなりしか、げに似たる人はいみじきものなりけり、と思し比ぶるに、（東屋、心）

あやしく、かかるかたち有様を、などて身を厭はしく思ひ始め給ひけん、物怪もさこそいふなりしか、と思ひ合するに、（手習、心）

（コレラノ歌ノ中ノ）かたへは僻事にもやありけん、かやうに殊なるをかしき節もなくのみぞあなりし。（宿木、地）

「……皆人惜しみてせさせざりしを、さうじみの、本意深き由をいひて（尼二）なりぬる、とこそ侍なりしか」といふ。（手習、話）

「あはれ、さも寒き年かな。命長ければ、かかる世にも会ふものなりけり」とて、うち泣くもあり。……愁ふなりつる雪、かき垂れいみじう降りけり。（末摘花、地）

右のように、連用形「なり」には、助動詞「き」と助動詞「つ」が付き、「き」の付くものは伝聞の意を表し、「つ」の付くものは聞音の意を表している。(9)

また、上接語について見ると、「いふ」とその類語「愁ふ」、および「あり」とその類語「侍り」に限られていることが分かる。

この「なりき」「なりつ」は、源氏物語以外にも、

「いと堅くて、多くなんありつる」などぞいふなりしかば、げに廿日も待ちつけてまし。（枕・八七、話）

「暁に、『花盗人あり』といふなりつるを、なほ枝などすこし盗るにやとこそ聞きつれ。たがしつるぞ。見つや」と仰せらる。（同右・二七八、話）

故中務の宮の御女などぞ聞えさすなりし。（栄花・三一、地）

四条の中納言、

世の中のあはれなるには大空の雲も涙を惜しまざりけり

などぞ聞ゆなりし。（同右・三三、地）

の四例が見られるが、承接も意味も、源氏物語の場合と同じであるといってよいと思われる。(10)

四　連体形の承接と意味——文中用法——

連体形「なる」の用例は、一四八例（地の文・二〇例、心話文・二八例、手紙文・一例、会話文・九九例）見られる。

Ⅰ　連体法の「なる」

連体法に用いられた「なる」は、用例三五例、すべて伝聞の意を表している。

仏のおはすなる所の有様遠からず思ひやられて、（御法、地）

世の人のすさまじきことにいふなる十二月の月夜の、曇りなくさし出でたるを、（総角、地）

物思ひにあくがるなる魂はさもやあらん、と思し知らるることもあり。（葵、心）

罪いと深かなるわざ、と思せば、（蜻蛉、心）

心恥かしき人住むなる所にこそあなれ。（若紫、話）

木幡山はいと怖ろしかんなる山ぞかし。（浮舟、話）

などである。この三五例のほかに、形式名詞「こと」を下接させて、体言止めとしている用例が一例あるが、これは、五・Ⅴの項で扱うこととする。

この連体法の「なる」は、竹取物語に三例、伊勢物語に三例、土左日記に三例、蜻蛉日記に一〇例、枕草子に二例、更級日記に三例、堤中納言物語に一二例、栄花物語に三例用いられているが、次に挙げる更級日記の一例を除き、源氏物語の場合と同様に、いずれも伝聞の意を表している。

梅壺の女御ののぼらせ給ふなるおとなひ、いみじく心にくく優なるにも、（宮仕へ）

これは、下接している語が「おとなひ」（＝立てる音・物音）であるところから、

梅壺の女御が（清涼殿ニ）参上していらっしゃると思われる物音が、……

のように、音による推定を表していると解するほかはない。したがって、それまで専ら伝聞の意を表していた連体法の「なる」が、更級日記の成立の頃には、新たに、このような、音によって推定する意を表す用法を持つに至っていたのであろうと思われる。なお、

みよし野のたのむの雁もひたふるに君が方にぞよると鳴くなる

むこがね、返し、

わが方によると鳴くなるみよし野のたのむの雁をいつか忘れん（伊勢、一〇）

の二つの「なる」は、ほぼ同じ語句を承けて用いられているものの、贈歌の方のものは聞音（＝鳴いているのが聞える）の意を表し、贈歌の語句をほぼそのまま繰り返している答歌の方のものは、連体法となっているところから、原則に照らして、伝聞（＝鳴いているとあなたから聞く）の意を表していると考えるのがよいということになろう。(11)

Ⅱ　準体法の「なる」

ここでは、準体法の「なる」のうち、特に助詞を下接しないものについて、その表す意味を見ることにする。源氏物語に用いられているこの類の「なる」は、

その中に源侍従とて、いと若うひはづなりと見しは、宰相の中将にて、「匂や、薫や」と聞きにくくめで騒がるなる、げにいと人がら重りかに心にくきを、（竹河、地）

大納言の朝臣の、家司望むなる、さる方に物まめやかなるべきことにはあなれど、（若菜上、話）

俗聖とか、この若き人々のつけたなる、あはれなることなり。（橋姫、話）

（大君ガ私〈＝薫〉ノコトヲ）さまではた思し寄るなる、いとうれしきことなれど、（総角、話）

この人のあまり道心に進みて、山寺に夜さへともすれば泊り給ふなる、かろがろし。（浮舟、話）

悩ましく思されたなる、よろしうは、参り給へ。（同右、話）

中宮のこよひまかで給ふなる、とぶらひに物し侍らん。（賢木、話）

かの対の御方の悩み給ふなる、とぶらひ聞えん。（宿木、話）

のように、用例が八例あるが、主格に立つものも、対格に立つものも、すべて伝聞の意を表している。

なお、源氏物語のほかにも、

二月、官の司に定考といふことすなる、何事にかあらむ。（枕・一三二、地）

「……物語のおほく候ふなる、あるかぎり見せ給へ」と、身をすてて額をつき、祈り申すほどに、（更級、話）

御男子二人おはすなる、一所は法師にて三井寺におはす。（栄花・五、地）

の三例があるが、いずれも、源氏物語の場合と同様に、伝聞の意を表している。

Ⅲ　助詞「が」「に」「を」を下接するもの

助詞「が」の付いた「なるが」の用例は少ない。

よくも思ふまじき人の物し給ふなるがいとほしさにことつけ給ひて、（真木柱、地）

あやしき所に捨て置きて、いみじく物思ふなるが心苦しさに、近う呼び寄せてと思ひ侍る。（浮舟、話）

軽々しうおしなべたる様にもてなすなるが、いとほしきこと。（葵、話）

源氏物語には、右のように、連体格に用いられているもの二例、主格に用いられているもの一例が見られるが、いずれの「なる」も伝聞の意を表している。なお、源氏物語以外には、用例が見当たらない。

助詞「に」の付いた「なるに」の用例も多くない。

光源氏、名のみことことしう、言ひ消たれ給ふ咎多かなるに、……忍び給ひける隠ろへごとをさへ語り伝へけん人の物言ひさがなさよ。（帚木、地）

典侍かかることを聞くに、我を世とともに許さぬものに宣ふなるに、かく侮りにくきことも出で来にけるを、と思ひて、（夕霧、心）

我も我もと聟に取らまほしくする人の多かなるに、取られなんも口惜しくてなん。（東屋、話）

なにがし律師の珍しう下りたなるに、せちに語らふべきことあり。（夕霧、話）

大将殿は、さばかり世にためしなきまで帝のかしづき思したなるに、心驕りし給ふらんかし。（東屋、話）

大納言の外腹の女を奉らるなるに、朝臣のいつき女出だし立てたらん、何の恥かあるべき。（少女、話）

内にも聞し召して、「宮の初めて大人び給ふなるには、いかでか」と宣はせて、（宿木、話）

の七例が源氏物語の中に見られるが、これらもすべて伝聞の意を表している。

源氏物語のほかには、大和物語に一例、枕草子に二例、堤中納言物語に一例、栄花物語に一例、用例があるが、その中で、

「殿上人、笑ふとて（＝私ヲ嘲笑スルタメニ）、いひたるなめり」と宣へば、「さては、一人を恨み給ふべきことにもあらざなるに、あやし」といへば、（枕、一六二）

の一例だけが、

「あなたのお話では、一人をお恨みにならなければならない筋合のものでもないようですのに、妙ですね」

というと、

のように、相手の話による推定を表していて、あとの四例はいずれも伝聞を表しているものである。

なお、この枕草子に見られる異質の一例を構文上から見ると、「……にもあらざなるに」のように、「なる」の上に断定の助動詞「なる」（の連用形「に」）が来ている点で、他の用例と異なっている。この例が他と違って推定の意を表すものとなっているのは、この構文上の特徴と関係があるものと思われるが、このことは、源氏物語に用いられている同趣の表現「にこそ（は）あなれ」「にこそ（は）侍（る）なれ」の「なれ」（一一例＋六例）がすべて推定の意を表して用いられているところなどから見ても、十分に考え得ることである。

助詞「を」を下接した「なるを」の用例は多く、三八例を数える。その中には、

かの入道の、今は仙人の、世にも住まぬやうにて居たなるを聞き給ふも、（若菜上、地）

「十六日になん、女にて平かに物し給ふ」と告げ聞ゆ。珍しき様（＝女の子）にてさへあなるを思すに、おろかならず。（澪標、地）

御宿世とかいふこと侍なるをもとにて、かの院の言に出でて懇ろに聞え給ふに、（若菜下、話）

などのように、「を」が格助詞であると認められるもの（「を」に、直接それを承ける他動詞または他動性の語句が付いているもの）が八例あるが、それらは、いずれも伝聞の意を表している。

そのほかの三〇例（「を」は原則として接続助詞）も、

なのめなることだに、かやうなる中らひは、あはれなることも添ふなるを、まして類なげなり。（賢木、地）

（魂ハ死後四十九日ノ）この程までは漂ふなるを、いづれの道に定まりて赴くらん、と思しやりつつ、（夕顔、心）

思ふにかなはぬ時、身を投ぐる例もはべなるを、……捨てつる身と思しなせ。（夕霧、話）

年頃人知れぬものに思ひけん人をもなくなして、物心細くながめゐ給ふなるを、など思し寄りて、（早蕨、心）

「……をこがましきやうに、却りては世人も言ひ漏らすなるを」など物し侍れば、（行幸、話）

「いで、あなかま、給へ。皆聞きても侍り。いといとほしげなる折々あなるをや。……」といとほしがる。（若菜上、話）

などのように、その大部分のものは、伝聞の意を表していると考えられるのであるが、次の三例は、推定の意を表しているもののように思われる。

1　（光源氏ガ）涙ぐまれて、「今宵ばかりは、（女三宮ノトコロへ行クコトヲ）ことわりと許し給ひてなん。これより後の（アナタトノ）とだえあらんこそ、身ながらも心づきなかるべけれ。また、さりとて、かの（女三宮ノ父ノ）院に聞こし召さんことよ」と思ひ乱れ給へる御心のうち、苦しげなり。（紫上ガ）すこしほほ笑みて、「身づからの御心ながらだに、え定め給ふまじかなるを、ましてことわりも何も、いづこにとまるべきにか」と、いふかひなげに取りなし給へば、（若菜上、話）

2この母君、（浮舟ニ）あまたかかることといふ人々の中に、この君（＝左近少将）は人柄もめやすかなり、心定まりて物思ひ知りぬべかなるを、人もあてなり、……、と思ひて、（東屋、心）

3「かく今は限りの（紫上ノ）様なめるを、……。御加持にさぶらふ大徳達、読経の僧なども、皆声やめて出でぬなるを、さりとも、たち止まりて物すべき（僧）もあらん。……」など宣ふ（光源氏ノ）御気色、……（御法、話）

右の1は、光源氏のことばを聞いて、紫上が、

ご自身のお心でありながらでも、（ドチラガ道理ナノカ）お決めになれそうにないようですのに、まして……

といっているところである。この「なる」が推定の意を表すものであるということは、間違いがないものと思われる。

2の「なる」は、娘の浮舟に言い寄ってくる男性の一人である左近少将について、母君が品定めをしている心話文の中に見られるものであり、その直前の「めやすかなり」の「なり」と同じ意味を表している。文脈から見て、伝聞の意を表しているともとれないこともないが、やはり推定の意にとるのがより自然ではないかと思われる。

3の「なる」は、推定か伝聞かについての諸家の見解の分かれるものであるが、「声やめて」とあるところから見ると、声による推定とするのがよいように思われる。

静まりぬなり。入りて、さらば、たばかれ。（空蟬、話）

（鶏ガ）おそろしう鳴きののしるに、みな人起きなどしぬなり。（枕・三一三、地）

などのような「ぬなり」が源氏物語に五例、枕草子に二例あり、いずれも推定の意を表していると思われるとこ

ろから見ても、この3の「ぬなる」の「なる」が推定の意を表している蓋然性は高いものと考えられる。「なるを」は、源氏物語以外にも、大和物語に一例、土左日記に一例、蜻蛉日記に一例、枕草子に三例、更級日記に三例、堤中納言物語に一例、栄花物語に二例あるが、そのうちで、

緑のもとに、あやしき者の声にて、「なほかの御仏供のおろし侍りなん」といへば、「いかでか、まだきには」といふなるを、（枕・八七、地）

の一例だけが、伝聞ではなく、聞音の意を表すものとして用いられていて、注目される。しかし、この「いふなるを」は、能因本に「いらふるを」とあって、「なる」がない。そこで、この例をしばらく措くとすれば、源氏物語以外の調査資料の中には、推定の意を表す「なるを」は一例もないということになる。

Ⅳ　係助詞「は」「も」「こそ」を下接するもの

係助詞の付いた「なるは」七例、「なるも」三例、「なるこそ」二例は、すべて伝聞の意を表している。

承け引く気色のなかなるは、……つつみ給ふならん、と思しかまふるを、（総角、心）

中納言もかくおろかならず思ひほれて居たなるは、げにおしなべて思ひがたうこそは誰も思さるらめ、と心苦しがり給ひて、（総角、心）

時ありて一たび開くなるは、難かなるものを、（若紫、話）

遠く放ち遣はすべき定めなども侍るなるは、様殊なる罪に当たるべきにこそ侍るなれ。（須磨、話）

絶えぬ（＝兄弟ノ縁ハ切ッテモ切レヌトイウ）譬ひも侍なるは、いかにぞや、古代のことなれど、頼もしくぞ思ひ給へける。（藤袴、話）

古めかしき同じ筋にて、東と聞ゆなるは、あひ思ひ給ひてんやと、忍びて語らひ聞えよ。（紅梅、話）
常陸の前の守なにがしが妻は、叔母とも母とも言ひ侍なるは、いかなるにか。（蜻蛉、話）
まことにかしづくべき心あるかと、人の言ひなすなるも、妬し。（常夏、心）
いと夜深う出でさせ給ふなるも、様変はりたる心地のみし侍るかな。（須磨、文）
御息所の煩ひ給ふなるもとぶらひがてら、まうでん。（夕霧、話）
誰も誰も、宮に奉らんと志し給へる女は、なほ源中納言にこそと、とりどりに言ひならぶなるこそ、わがおぼえの口惜しくはあらぬなめりな。（宿木、心）
むげに物参らざなるこそ、いとあしけれ。（宿木、話）

源氏物語以外では、「なるは」が竹取物語に一例、蜻蛉日記に二例、枕草子に一例見られるだけで、「なるも」「なるこそ」の用例は見出せない。なお、枕草子の一例は、

「いみじう、御門を今宵らいさうと開けひろげて」と聞えごちて、あぢきなく暁にぞ鎖すなるは、いかがはにくきを。（一七九、地）

のように、音による推定を表しているが、「鎖すなるは」は、能因本に「さすなる」、前田本に「さすは」とあって、異同がある。この例を除けば、すべて伝聞の意に用いられていることになる。

なお、源氏物語に、「なども」（副助詞＋係助詞）の付いたものが一例あるが、これも伝聞の意を表している。

親王たち大臣の、御女を志ありて宣ふなるなども、聞き入れずなどあるにつけて、（竹河、地）

五　連体形の承接と意味——文末用法——

文末部に用いられる推定伝聞の助動詞「なる」にも、その承接と意味との間にある種の関係が認められる。

Ⅰ　係助詞「なむ」の結びの「なる」

係助詞「なむ」の結びとなっている「なる」は、会話文に用いられ、用例は一七例、いずれも伝聞の意を表している。

故少弐の孫は、かたはなんあんなる。（玉鬘）
殿の領じ給ふ所々の人なん、皆この内舎人といふ者のゆかりかけつつ侍なる。（浮舟）
宮は昨日より内裏になんおはしますなる。（宿木）
二条の院になんおはしますなる。（同右）
げにこの頃珍しき世語になん人々もし侍なる。（常夏）
中にあたるなん、姫君とて、守はいとかなしうし給ふなる。（東屋）
かたへおはする人は、殊更にかくなん京の人はし給ふなる。（蜻蛉、校異により用例として補う）
らうらうじくこそあるべけれ。かたちなん、いみじかなる。（東屋）
尼は廊になん住み侍なる。（浮舟）
よろづのこと足らひてめやすき朝臣の、妻をなん定めざなる。（東屋）

思ひほれてなん人にも見えざむなる。（幻）
中務の宮なん、大殿にも御気色賜りて、さもやと思しかはしたなる。（梅枝）
かの君なん、いかでかの御墓にだに参らんと宣ふなる。（宿木）
「……わが心にもあかぬこともある」となん、常にうちうちのすさび言にも思し宣はすなる。（若菜上）
右大将は、常陸守の女をなんよばふなる。（東屋）
これなん、なにがし僧都の二年籠り侍る方に侍るなる。（若紫）
かの西の対にすゑ給へる人は、いと事もなきけはひ見ゆるわたりになん侍なる。（常夏）

平安時代の物語の地の文では、「——なむ——ける」のように、係助詞「なむ」は「ける」で結ぶのが原則であるので、(12) 地の文で、「——なむ——なる」のような形をとることは、原則としてできない。この「——なむ——なる」が会話文に集中しているのはこのためである。

なお、右のほかに、

「……忍びてさるべき御預かりを定めおかせ給ふべきになんはべなる」と奏し給ふ。（若菜上、話）

があるが、『源氏物語大成』の校異によると、「なる」の部分に異同があるので、用例からは除外した。

また、

「かくて心やすくだに眺め過ぐい給へ」とて、まかでさせたるを、それにつけても、聞きにくくなん。上にもよろしからず思し宣はすなる。（竹河、話）

の傍点部の「なん」は、そこで切れていると見ることもできるが、下の伝聞を表す「なる」と係結びをなしていると見ることもできる（ただ、その場合は「よろしからず」が少々邪魔になる）。そのこともあって、今日の注釈書にも、句点を打つものと読点を打つものの二様のものがある。ただ、この例は、伝聞を表しているものであり、係結びと見ても見なくても、大勢に影響がないので、ここでは句点の方を採ることとした。
この「なむ」の結びの「なる」は、竹取物語に一例、伊勢物語に二例、大和物語に二例、蜻蛉日記に六例、堤中納言物語に一例、栄花物語に三例用いられているが、源氏物語の場合と同様に、いずれも伝聞の意を表している。

Ⅱ　係助詞「ぞ」の結びの「なる」

係助詞「ぞ」の結びとなっている「なる」は、用例が一一例で、推定と伝聞の意を表し、次のように用いられている。

A何事も、ただこの君ぞ帝にも親しく仕うまつり給ふなる。（東屋、話）
右の大殿の、さばかりめでたき御勢ひにていかめしうののしり給ふなれど、若君生まれ給ひてのちは、こよなくぞおはしますなる。（浮舟、話）
ただいまの世にこの御族ぞめでられ給ふなる。（手習、話）
山伏はかかる日にぞねは泣かるなるかし。（同右、話）
Bうちしはぶき給へれば、「中将の声づくるにぞあなる。夜はまだ深からんは」とて、起き給ふなり。（野分、話）
「ここに物し給ふは誰にか。尋ね聞えまほしき夢を見給へしかな。今日なん思ひ合せつる」と聞え給へば、うち笑ひて、「うちつけなる御夢語にぞ侍るなる。……」と聞え給ふ。（若紫、話）
C月のおもしろきに、夜更くるまで遊びをぞし給ふなる。（桐壺、地）
「今渡らせ給ひなん」と人々いふなり。御前ならぬ方の御格子どもぞ下ろすなる。（東屋、地）

門忍びやかにうち叩く。さにやあらんと思へど、弁のあけさせたれば、車をぞひき入るなる。（同右、地）

ただ翁びたる声に額づくぞ聞ゆる。……何を貪る身の祈りにかと聞き給ふ。「南無当来導師」とぞ拝むなる。

（夕顔、地）

D今ぞ車よりおり給ふなると聞く程、かしかましきまで追ひののしりて、とみにも見え給はず。（東屋、心）

右のA～Dの用例は、

A　会話文・伝聞（四例）　B　会話文・推定（二例）

C　地の文・推定（四例）　D　心話文・推定（一例）

のようになっている。用例数が少ないので、断定的なことはいえないが、

係助詞「ぞ」の結びの「なる」は、会話文では伝聞を表し、その他の文では推定を表すのが原則である。ただし、「なる」の上に断定の助動詞「なり」（の連用形「に」）が置かれる場合（＝右のBの場合）には、会話文であっても推定を表すものとして用いられる。

というのが、源氏物語における用法だったのではないかと思われる。

既に、四・Ⅲで触れたように、断定の助動詞「なり」（の連用形「に」）の下に推定伝聞の助動詞「なり」が用いられると、大抵の場合、下の「なり」は推定の意を表しているということから見て、「会話文では伝聞を表す」という原則に、「にぞあなる」「に侍（る）なる」の形が例外を生じさせているのも、うなずけることのように思われる。

一方、右のⅠで扱った「――なむ――なる」の形が専ら伝聞の意を表すのに対して、この「――ぞ――なる」の形が伝聞と推定の両方の意を表すという、両者の違いが気になるが、この違いは、「なむ」と「ぞ」の持つ語

感の違いによるものであろうと思われる。すなわち、「なむ」は客観的なニュアンスを伴った強調を表し、「ぞ」は、「なむ」に比べて、主観的なニュアンスを伴った強調を表していたために、「なむ」の方が客観的な表現であることの多い伝聞に専ら用いられ、「ぞ」の方が、伝聞に用いられるほかに、主観を伴った表現であることの多い推定にも用いられた、と見ることができるのではないかと思われる。

なお、このほかに、

さて、（光源氏ノオトドハ姫君ノ婚儀ヲ）いかが定めらるなる。（常夏、話）

のように、疑問副詞「いかが」を承けて連体形「なる」で結び、伝聞の意を表しているものが一例あるが、これも係結びに準ずるものと見ることができる。

また、

「……宿世違はば、海に入りね」と、常に遺言し置きて侍るなる。（若紫、話）

は、源氏物語（青表紙本）の中で唯一の確実な、「なる」による連体止めの例であるが、これも伝聞の意を表している。連体形の文末用法の一つであるので、ここに付記することにした。

Ⅲ　「ものを」を下接するもの

終助詞「ものを」の付いた「なる」は、用例が八例で、すべて伝聞の意を表している。

（命ハ）惜しからねど、悲しくもあり、またいと罪深くもあなるものを。（宿木、心）

親をおきて亡くなる人は、いと罪深かなるものを。（浮舟、心）

仏の御しるべは、暗きに入りてもさらに違ふまじかなるものを。（若紫、話）

時ありて一たび開くなるは、難かなるものを。（同右、話）
「古への有様、名残りなし」と世人もいふなるものを。（松風、話）
「月待ちて」ともいふなるものを。（若菜下、話）
殿の御文は、などて返し奉らせ給ひつるぞ。ゆゆしく忌み侍るなるものを。（浮舟、話）
鬼などの隠し聞ゆとも、いささか残るところも侍なるものを。（蜻蛉、話）

この「なるものを」は、枕草子に二例、堤中納言物語に一例、栄花物語に三例用いられているが、源氏物語の場合と同様に、いずれも伝聞の意を表している。

思うに、下接する「ものを」の「もの」はもともとは名詞であるのだから、この用法の「なる」の表す意味が、連体法の「なる」の表す意味と同じであって当然である。前述のように、源氏物語およびそれ以前の資料に見られる連体法の「なる」がすべて伝聞の意を表すものであるところから見て、この「ものを」を下接する「なる」がすべて伝聞の意を表しているのは、至極当然のことであるということができよう。

Ⅳ　「かな」を下接するもの

終助詞「かな」の付いた「なる」は、用例が四例で、いずれも推定の意を表している。

追風に吹き来る響きを聞き給ふに、昔のこと思し出でられて、「笛をいとをかしうも吹き通したなるかな。誰ならん。……」など、独りごちおはす。（椎本、話）
かかる（宇治デノ姫君ノ）御住まひは心もとなくのみ見奉るを、（コノタビノ京ヘノオ移リハ）うれしくも侍るべかなるかな。（浮舟、話）

かく思し煩ふ様は、さきざきも皆聞き置き給へれば、「心苦しきことにもあなるかな。……」と宣ひて、（若菜上、話）

「……思ひやりなき女房などは、……嘆き侍めるなんことわりなる。……」とても、泣き給ひぬ。「いとあさはかなる人々の嘆きにも侍なるかな。……」とて出で給ふを、（葵、話）

「なるかな」は、蜻蛉日記に三例、枕草子に一例、堤中納言物語に一例用いられているが、いずれも推定の意を表している。その中で、特に、

　あやめ草おひにし数を数へつつひくや五月のせちに待たるる

とて、さしやりたれば、うち笑ひて、

　隠れ沼《ぬ》におふる数をば誰か知るあやめ知らずも待たるなるかな

といひて、見せむの心ありければ、（蜻蛉、上）

の答歌の「なる」が注目されるが、これは、贈歌の内容から、その歌主の「あやめ知らずも待たる」という状況を推定しているものと考えられる。その意味では、同じ贈答歌の中の用例ではあるものの、贈歌とほぼ同じことばを繰り返して伝聞の意を表していた、先の四・Ⅰに挙げた「わが方によると鳴くなるみよし野の……」（伊勢）の歌の「なる」の場合とは、意味・用法が違っているということになる。

Ⅴ　「こと」を下接するもの

形式名詞「こと」の付いた「なること」が、体言止めとして一例用いられている。

「……（光源氏ニ嫁シナサッタ女三宮様ハ）人に圧《お》され給ふやうにて、ひとり大殿籠る夜な夜な多く、つれづ

れにて過ぐし給ふなり」など（父ノ朱雀院ニ）人の奏しけるついでにも、すこし悔い思したる御気色にて、「同じくは、ただ人の心やすき後見を定めんには、まめやかに仕うまつるべき人をこそ定むべかりけれ」と宣はせて、「（柏木ニ嫁シタ）女二の宮のなかなか後やすく、行く末長きさまにて物し給ふなること」と宣はせけるを伝へ聞きしに、（若菜下、話）

この「なる」が推定と伝聞のどちらの意味を表しているかを決めるのは、かなり難しいが、次に示す土左日記に見られる類例は、推定を表しているものと思われる。

この人、歌よまんと思ふ心ありてなりけり。とかくいひいひて、「波の立つなること」とうるへいひて、よめる歌、

　行く先に立つ白波の声よりもおくれて泣かんわれやまさらん

とぞよめる。（一月七日）

この「なる」は、「屋形船の中で（風の強い冬の日だから、とても外にはいられない）波の音に耳を傾けている気持で」用いたものと説明されたりするが、[13] おそらく、それが当を得た解釈であろうと思われる。このような、推定の意を表している類例があり、また、右に挙げた、同じ詠嘆表現の「なるかな」が推定の意を表していることを併せ考えると、この源氏物語の「なること」も推定の意を表している蓋然性が高いように思われる。しかし、普通、「なり」が推定の意を表している場合には、その推定の根拠となる音・声・話などが記されている場合や文脈でそれを感じさせる場合が多いのに、この場合にはそれがない。そこで、伝聞とする見方も簡単には捨て切れないところがある。

結

右では、源氏物語を中心に、いわゆる推定伝聞の助動詞「なり」の連用形と連体形の承接と意味の関係について述べてきたが、その結論は次の通りである。

Ⅰ　連用形の「なり」について

1　過去の助動詞「き」の付いた場合は、伝聞の意を表す。

2　完了の助動詞「つ」の付いた場合は、推定の意を表す。

Ⅱ　連体形の「なる」について

1　文中の用法では、原則として伝聞の意を表す。ただし、接続助詞「を」の付いた場合には、推定の意を表すことがある。

2　文末の用法では、推定の意と伝聞の意とを表す。

a　地の文・心話文で係助詞「ぞ」の結びとなる場合は、推定の意を表す。また、会話文で「にぞあなる」「にぞ侍（る）なる」（「に」は断定の助動詞「なり」の連用形）の形をとる場合は、推定の意を表す。

b　終助詞「かな」の付いた場合は、推定の意を表す。

c　形式名詞「こと」が付いて体言止めとなっている場合は、推定の意を表すものと思われる。

d　右以外の場合は、伝聞の意を表す。

なお、終止形・已然形にも部分的に承接と意味の照応が認められるが、後考に俟つこととしたい。

注

（1）松尾氏の所説としては、「小疑三束」（『国学院雑誌』二五巻八号・大正八年八月）に、「第一　終止段所属のなりは果して詠嘆か」という題で述べられたものが最も早い。

（2）たとえば、
北原保雄氏「〈終止なり〉と〈連体なり〉—その分布と構造的意味—」（『国語と国文学』四三巻九号・昭和四十一年九月刊）
小松登美氏「土佐日記の解釈と文法上の問題点」（『講座解釈と文法』〈明治書院・昭和三十五年刊〉所収）
佐伯梅友氏「『信濃にあンなる木曽路川』から」（『国語学会会報』七号・昭和二十二年十一月）
北原保雄氏「『なり』の構造的意味」（『国語学』六八集・昭和四十二年三月）
などがある。

（3）推定伝聞の「なり」の接続については、一般に、「終止形に付く。ただし、ラ変、ラ変型の活用語には連体形に付く」と説かれるが、大野晋氏は、「（「ザンなり」の）「ザン」という撥音便形は連体形「ザル」から生じたものでなく、終止形「ザリ」から生じたものである」（『時代別作品別 解釈文法』至文堂・昭和三十年刊、四頁）と説き、平安時代の作品に見られる「あるなり」などは、「『ありなり』が撥音便化して『あんなり』となったが、……『あんなり』という形を見て、後世の学者が『あるなり』の音便形と誤認し、『あるなり』と復元してしまったものと考えられます」（『日本語の文法』【古典編】角川書店・昭和六十三年刊、二一四頁）と説かれる。

（4）以下のa〜e、(a)〜(d)の各項は、主として（2）に示した小松登美氏および北原保雄氏の論考による。

（5）松尾捨治郎氏『助動詞の研究』（文学社・昭和十八年刊、五九頁）には、「感覚的に音響を聞く事」として、「と吾は聞く」の訳語が示されている。なお、松尾氏『国文法論纂』（文学社・昭和三年刊、三三六頁〜三四一頁）は、「なり」に、「ということだ」「そうだ」「と聞いて居る」「とかいう」「ようである」「と思われる」などの訳語を当てている。

（6）「いにしへのしづのをだまきいやしきもよきも盛りはありしものなり」（古今集、八八八）から引いたものという。

（7）小松登美氏は、この例の類例として、「岸近き花ぞみだれて匂ふなる波の心やかけてをるらむ」（十巻本歌合）、「しるき香もにほふなるかなあやめ草今日こそ玉に抜く日なりけれ」（中務集）の二首を挙げておられる（「指定の『なり』と伝聞の『なり』上」『未定稿』創刊号・昭和三十年刊、三〇頁）。

（8）『源氏物語大成』校異篇の校異を参看して、校異篇本文の用例三五〇例に、五例を加えた。

（9）第二例の「『……』とこそは古人どもいふなりしか」は『……』の話を直接聞いた聞音表現のようにも考えられるが、「古人どもいふ」と複数主語になっている点などからみると、「老女房達が、かつて申していたと言う事であった。」（日本古典文学大系『源氏物語』五・一七五頁、頭注二九）などのように、伝聞の意にとるのがよいように思われる。また、第六例の「愁ふなりつる雪」は、「（『ああ、本当に寒い年だなあ。……』などと）こぼしているのが聞えた雪」の意で、「なり」は聞音の意を表していると考えられる。

（10）右の第一例は、「侍達はいったそうだから、……」（日本古典文学大系『枕草子』一三五頁、頭注三七）などのように、伝聞の意にとるのがよいように思われる。また、第二例は、「夜中過ぎに、『花盗人がいる』といっている声が聞えたのだが、……」などのように、聞音の意にとることになろう。なお、栄花物語に見られる「聞ゆ」「聞えさす」は、「いふ」の類語である。

（11）日本古典文学大系『伊勢物語』（一一八頁、頭注一二）は、この答歌の「鳴くなる」を、「鳴く声が聞える」のように、推定に訳している。

（12）宮坂和江氏「係結の表現価値—物語文章論より見たる—」（『国語と国文学』二九巻二号・昭和二十七年二月）を参照。

（13）小松登美氏「土佐日記の解釈と文法上の問題点」（『講座解釈と文法』明治書院・昭和三十五年刊、九一頁）（『国学院雑誌』九〇巻三号・平成元〈一九八九〉年三月）

第二章　今昔物語集の「今夜」と「夜前」と

今昔物語集に限らず、平安時代の物語などに見られる「今夜《こよひ》」には、(1)今の夜（この夜）、(2)これから来る夜、(3)今朝の前の夜、の三つの意味が認められる。一方、今昔物語集には、他の物語には用例を見ない「夜前《やぜん》」(1)という語が用いられているが、この「夜前」と、右の(3)の意の「今夜」とは、現代語の昨夜に当たる意味を持つ類義語である、とするのが通説である。(2) しかし、小考によれば、この両語は異義語であるように思われる。そこで、以下、今昔物語集の「今夜」「夜前」、および平安時代の記録語としての「夜前」「夜部」などについて小考を記すことにしたい。

一

今昔物語集において「コヨヒ」と読むことのできるのは、「今夜」（九九例）、「今夜ヒ」（四例）、「此夕」(3)（一例）である。また、これら合計一〇四例の「今夜」（以下、「今夜ヒ」「此夕」を含む）の中では、右の(1)の意のものが最も多く（八六例）、(3)の意のものがこれに次ぎ（一七例）、(2)の意のものは稀（一例）である。

(1)妻、夫ニ語テ云ク、「今夜ハ、我レ、東枕ニ臥サム。君ハ西枕ニ臥セ」ト云テ臥ヌ。（第一〇巻・第二一）

住持、「既ニ夜ニ入ヌ。今夜許《ばかり》ハ留マレ」ト云テ留ムト云ヘドモ、（一九・一四）

夜ニハ成ニタリ、今夜ハ家ヘハ故《ことさら》ニ行キ不着ジ、ト思フニ、（二九・五）

汝ヲバ、明年ノ今夜可迎キ也。(4)（一五・二五）

(2)女云ク、「然バ、今夜許ハ宿リ給ヘ」ト。僧、喜テ、庵ニ入リヌ。女、……食物ヲ調テ僧ニ食スレバ、皆食ツ。而間、夜ニ入ヌレバ、人、物ヲ荷テ来レリ。（一五・二八）

(3)夜半ニ人来テ、柴ノ戸ヲ叩ク。……叩ク人ノ云ク、「我レハ、……此ノ事ヲ告ゲ申サムガ為ニ来レル也」ト云テ、去ヌ。勝如、此レヲ聞テ驚キ恠ムデ、明ル朝ニ、……僧ヲ呼テ語テ云ク、「我レ、今夜、然々告有リ。……」。（一五・二六）

驚キ恠テ、夜明ケテ後、弟子ノ僧ヲ呼テ、彼ノ北山ヲ教ヘテ遣テ令見ム。僧、彼ノ所ニ行テ見ニ、妻一人泣々居タリ。妻ノ云ク、「我ガ夫ハ今夜ノ夜半ニ、貴ク念仏ヲ唱ヘテ失ヌ」ト。（一五・二七）

夜半ニ成ヌラムト思フ程ニ、此死人、「穴重シヤ」ト云マヽニ、立走テ、……鶏鳴ヌレバ、死人音モ不為成ヌ。然ル程ニ、夜明ヌレバ、陰陽師来テ云ク、「今夜定メテ怖シキ事侍ツラム。髪不放ナリヌヤ」ト問ヘバ、（二四・二〇）

夜半過テ入タル盗人ナレバ、其ノ後幾モ无クテ夜明ヌ。……検非違使ノ別当ニ申シテ、其ノ女ヲ前ニ立テ、其ノ家々ニ行テ捕フレバ、其奴原、今夜盗シ極ジテ臥セリケルヲ、皆員ヲ尽シテ捕ヘテケリ。（二九・七）

初夜ノ程ニ、……様々ノ異類ノ形ナル鬼神共来ル。……曙ル程ニ成ヌレバ、廻向シテ後、此ノ異類ノ輩ラ皆返リ去ヌ。其後、義睿和ラ出ヌ。聖人ニ値《あひ》テ申サク、「今夜ノ異類ノ輩、此、何方ヨリ来ルゾ」ト。（一三・

二）

「夜前」の類義語とされるのは、右の(3)に属する「今夜」（以下、過夜の意の「今夜」と呼ぶ）であるが、その「今夜」の指しているのは、「夜半《よなか》」「夜半過ギ」、あるいは「初夜ノ程」（戌の刻頃）から「暁《あく》ル程」にかけての連続した時間である。結局、この過夜の意の「今夜」は二通りの時間を指していることになる。即ち、一つは、昨夜の、夜半以後の時間であり、他の一つは、昨夜の、夜半前から夜明け前までに亙る連続した時間である。いずれにしても、この二つの時間は、昨夜の、夜半以後の時間に関係があるものである。

二

一方、「夜前」は四四例用いられている。その中で、時間を知ることのできる用例を挙げると、次のようになる。

日暮方ニ海賊ニ値ヌ。……夜モ暁ヌレバ、……夜前海賊ニ値タリシ所ハ備前ノ骨嶋ノ辺也。（一九・三〇）

日暮ヌレバ、門ヲ叩ク者有リ。……夜明テ後、亦門ヲ叩ケレバ、男行テ開タルニ、夜前ノ者共ニハ非デ、異者共入来テ、（二九・三）

然テ、其夜ハ道ニ留ヌ。朝ニ、……郎等ノ云ク、「夜前、戌時許ニ、御前ノ俄ニ胸ヲ切テ病セ給ヒシカバ、……」ト。（二六・一七）

夜暁ルヤ遅キト、彼ノ中将ノ家ニ行テ尋ヌレバ、人有テ、「夜前ノ戌時ニ、中将ハ早ウ失給ヒニキ」ト云ヘバ、（一五・四三）

戌時許ヨリ亥時許ニ至ルマデ、大ナル光出来テ、普ク其ノ山ノ内ヲ照ス。……明ル朝ニ、里ノ人、各互ニ問テ云ク、「夜前、松尾ノ山寺ニ俄ニ大ナル光有リキ。此レ、何ノ光ゾ。……」ト疑ヒケル間ニ、（一五・三二）

夜打深更ル程ニ、髴ニ聞ケバ、西ノ方ニ金ヲ扣キ、念仏ヲシテ、数ノ人遥ヨリ来ル音有リ。……「早ク葬送也ケリ」ト見ルニ、……夜明テ後ニ、男、……行テ見ケレバ、夜前葬送セシ所ニ墓モ卒堵婆モ无シ。（二七・三六）

夜半許ノ程ニ、馬ニ乗レル人、二三十騎許来テ、此ノ樹ノ辺ニ有リ。……夜曉ヌレバ、……其ノ日留テ、尚、樹ノ本ニ有リ。夜半許ニ、夜前ノ如ク、多ノ馬ニ乗レル人来ヌ。（一三・三四）

其ノ夜、僧、其ノ家ニ宿ヌ。……夜半ニ人ノ无キ隙ヲ量テ、衾ヲ取テ出ヅル程ニ、音有テ云ク、「其ノ衾、盗ム事无カレ」ト。……僧、此ノ音ニ恐レテ返リ留ヌ。……僧、恥ヂ思テ、明ル朝ニ、人ヲ去テ、家主ヲ呼テ、夢ノ告ヲ語ル。……其ノ後、家主、泣々ク、夜前覆ヘル所ノ衾及ビ余ノ財物ヲ僧ニ与フ。（一四・三七）

右の「夜前」の指しているのは、「日暮方」「日暮」「戌時許」「戌時」「戌時許ヨリ亥時許ニ至ルマデ」「夜打深更ル程」(5)「夜半許」「夜半」である。要するに、「夜前」は「日暮方」から「夜半」までの時間を指していることになる訳である。

そこで、今、この今昔物語集における「夜前」と「今夜」の指す時間を図に示すと、次のようになる（次頁に示す）。なお、図に示すように、昨夜の夜半については、「夜前」と「今夜」の両語によって指すことができる。

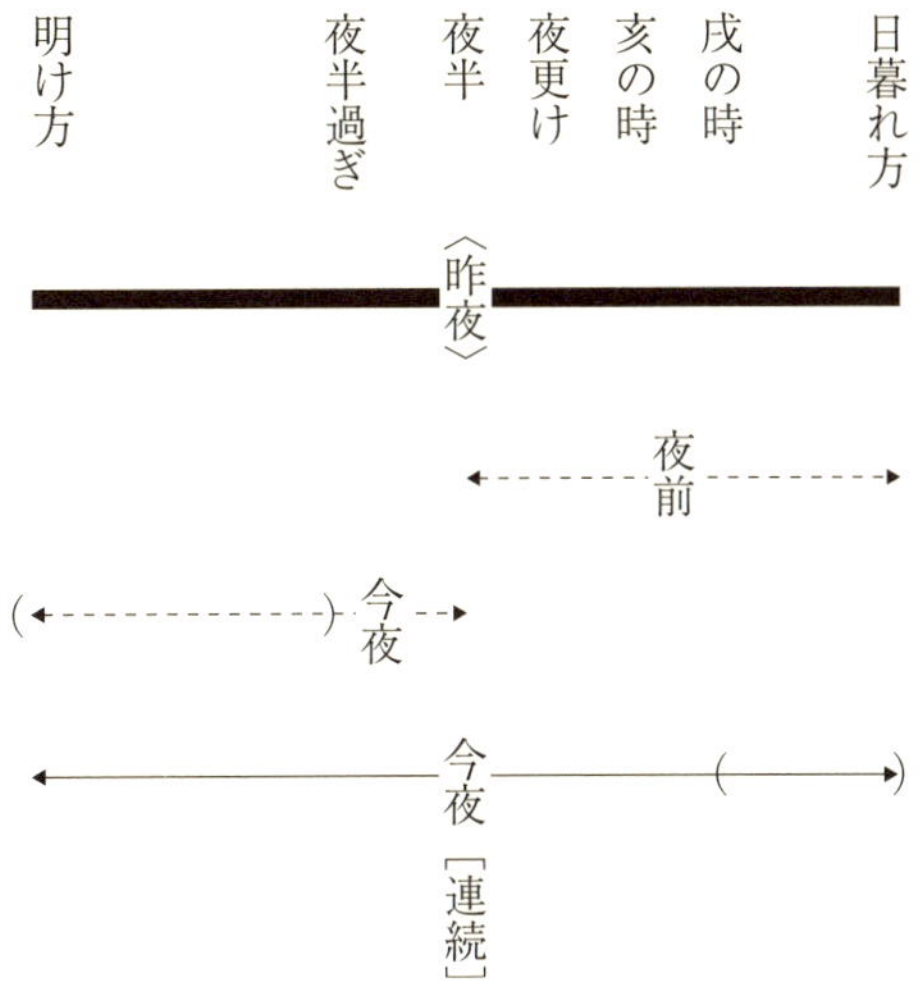

＊図の（　）内は推定による。「今夜」［連続］は、夜半過ぎ以後を含む連続時間として表す場合のもの。なお、「夜前」の指す時刻については、本章39頁をも参照のこと。

三

今昔物語集における過夜の意の「今夜」と「夜前」との用例は、前述の通り、前者が一七例、後者が四四例であるが、そのうち、助動詞の応じているものは、前者が一五例、後者が二九例である。

まず、「今夜」の用例を以下に示す。但し、既引のもの（「ヌ」二例、「ツ」一例）は除く。

「此ノ象ハ今夜何ナル所ニカ繋ゲル。若シ僧房ノ辺ニヤ有ツル」ト問フニ、（四・一八）

我レ、今夜僧房ニ寄宿シタリツ。（六・四八）

我レ、正ク、今夜極楽ニ往生スル人ヲ見ツル。（一五・六）
今夜、我レ、終夜、観音品ヲ誦シ奉ツルニ、（一六・一六）
今夜何ナル勤カ有ツル。（二四・二一）
己、今夜指ル勤メ不候ズ。……笛ヲゾ終夜吹キ候ツル。（二四・二一）
我レ、今夜被壓《おそはれ》ツル初メニ逃テ山ニ入テ、（二五・五）
今夜コソ物怖シク破无カリツレ。（三〇・四）
今夜、御館ニ事ノ沙汰共有テトミニ否《え》不罷出ズシテ、寝ザリツレバ、（三一・一〇）
彼ノ砂礓ノ峰ニ住スル僧、今夜既ニ死ニケリ。（一五・六）
今夜ヒモ若干ノ狗ニ不被食ザリケル。（一九・四四）
此ノ象ハ今夜何ナル所ニカ繋ゲル。[6]（四・一八）

応ずる助動詞は、既引のものと合計すれば、「ツ」一〇例、「ヌ」二例、「ケリ」二例、「リ」一例となる。

これに対して、「夜前」に応ずる助動詞は、既引のもの（「キ」五例、「リ」一例）の外に、

夜前此ノ家ニ有シ男共ヲ召出セバ、（一六・二〇）
夜前、鐘ガ御崎ニシテ、継母ノ、若君ヲ抱テ、……海ニ落シ入レシカバ、（一九・二九）
夜前返リ給ヒニキ。（二四・六）
夜前笛ヲ吹テ過ギ給ヒシニ、（二四・二一）
夜前希フコソ候シカ。（二六・一七）
夜前叫ビシハ、……墓ノ上ニシテ云也ケリ。（同右）

夜前彼ノ女ノ否不歩ザリシガ不審サニ、（二七・一六）
実ニハ夜前然々ノ事ノ有シ也。（同右）
夜前人モ无シカバ、（二七・二四）
夜前、君達ノ、此ノ歌ヲ歌ヒシヲ、（二八・四）
夜前東ノ面ノ道ニテ此ノ君達ノアダヱシ気色ハ、然モシテムカシト思ケレバ、（同右）
夜前コソ其丸・彼丸ハ詣来テ私語仕リシカ。（二九・七）
夜前然々ノ所ニテコソ狼ノ廻リ行シカ。（二九・三八）
夜前ナム鳥辺野ニ葬シ奉テシ。（三一・八）
夜前出テ行ニシニ、必ズ其ソコヘゾ行ラムト思ヒシニ合セテ、（三一・一〇）
夜前人ニ被殺ニケルナメリ。（一六・三二）
夜前膳所ニテ刀ヲナム極《いみじ》ク鋭《とぎ》ケル。（二五・四）
夜前ハ此ノ奴ノ迷ハシケル也ケリ。（二七・三七）
夜前牛ヲ不追入ザリケル。（二九・三八）
夜前狼ノ来テ咋ハムトシケルヲ、（二九・三八）
我レハ、夜前朱雀門ノ辺ニシテ見給ヒケム人ノ母也。（二四・五）
夜嗟ヌレバ、道範、心ノ内ニ、夜前ニ家ノ主極ク労《いたはり》ツルヲ、喜ト思ヒツレドモ、（二〇・一〇）
夜前将参タル御馬ヲ、盗人取テ罷リヌ。（二五・一二）

があり、既引のものと合計すると、「キ」二〇例、「ケリ」五例、「ツ」一例、「ケム」一例、「リ」一例、「タリ」

一例となる。ここで、比較のために、両語の用例数を示すと、次のようになる。

	キ	ケリ	ツ	ヌ	ケム	リ	タリ
夜前	20	5	1		1	1	1
今夜		2	10	2		1	

これによると、「夜前」は、「キ」「ケリ」の応ずるものが多いところから、主に過去表現に用いられる語、過夜の意の「今夜」は、「ツ」「ヌ」の応ずるものが多いところから、主に完了表現[7]に用いられる語ということになる。その点から言えば、「夜前」に「ツ」が応じている例（一例）は不自然な感じがする。この「ツ」の場合、「夜前」の方も、格助詞「ニ」を伴っていて、孤例となっている。

なお、「キ」と「ケリ」は、共に過去の助動詞と呼ばれているものの、今昔物語集では、「キ」の下限は原則として「夜前」（時刻の分かるものでは「亥時許」〈既引の第一五巻・第三一の例〉）まで、「ケリ」は「今夜」以後までというように、過去時の下限が異っていることになる。また、

昨日、汝ヲ見シニ、命亦昨日許也キ。（六・四八）

昨日然々ノ所ニ行タリシニ、此ル事コソ有シカ。（三一・一五）

今朝疾ク人来テ嗔ツルニ依テ、（九・二四）

夕ニ還リ来テモ還レル由ヲ語ル。今日有ツル事ヲ必ズ云ヒ令聞シム。（九・三）

今汝ヲ召ツル事ハ、汝ガ妻ノ愁ヘ申セルニ依テ也。（二〇・一六）

などの「キ」「ツ」の使用状況から見て、時制表現上では、「夜前」は「昨日」の類、「今夜」は「今朝」「今日」

「今」の類ということが言えそうである。「今夜」は、「今」と直接に関係する「夜」、「今日」の「夜」のように意識されていたものと考えられる。[8]

四

ところで、平安時代の和文には、この今昔物語集の「夜前」と用法の似た語「よべ」が用いられている。源氏物語（『源氏物語大成』校異篇本文）についてこれを見ると、

よべもすずろに起き明してき。（浮舟）

よべは、かたがた心乱れ侍りしかば、急ぎまかで侍りし。（手習）

よべも御車も返して泊り給ひにける。（夕霧）

よべだにいかに思ひ明し給うけむ。（同右）

よべ里より参れる上﨟・若人どもの中に、（玉鬘）

など、四八例が用いられていて、対応する助動詞は、「き」三三例、「けり」一例、「けむ」一例、「り」二例である。これを今昔物語集の「夜前」と比べると、今昔に例外的にただ一例あった「ツ」が源氏にはないという点を除けば、助動詞との照応は全く同じであると言ってよい。一般に、平安時代の和文には、この「よべ」があって「夜前」がなく、逆に、今昔物語集には「夜前」があって「よべ」（の確実な用例）がないことを考えれば、両語が類義語であることは、疑いのないところである。

一方、平安時代およびそれ以後の公家の日記には、この「夜部《よべ》」「夜前」の両語が併用されることが多い。今、

その中から時刻を併記した用例を拾い上げると、次のようになる。

夜部従戌時雨、通夜降、（御堂関白記、寛仁二年三月五日）[9]

夜部亥剋遷宮、次東宮尚侍入給之間、已及暁更、極難堪侍、（小右記、寛仁二・四・二九）

夜部子時許来主許、[10]（御堂関白記、長和一・三・二四）

夜前亥時許禁中五体不具穢俄出来、（中右記、承徳一・三・五）

夜前酉時以後已遂合戦、堂衆不利退云々、（明月記、建仁三・八・七）

夜前戌時許被奉渡御仏、其後御念仏、（同右、建久三・三・一三）

夜前戌時前大僧正慈円遂遷化、今年七十一云々、（同右、安貞一・四・一〇）

北政所夜前亥時遂御入滅云々、（同右、建仁一・一二・一〇）

これらの用例の範囲では、「夜部」は「戌時」から「子時許」まで、「夜前」は「酉時」から「亥時」までであり、既引の今昔物語集の「夜前」が「日暮方」から「夜半」までであったのと比べても、差異はない。

このように、「夜部」と「夜前」の指す時間帯は同じであると言えそうであるが、「夜部」は高位貴族の口頭語であり、「夜前」は中流貴族以下の人々の口頭語であった、という位相上の差異を指摘する論考が発表されている。[11]そこで、次にこの問題について述べることとしたい。

五

右大臣藤原実資の筆録した小右記は、質・量ともに、平安時代中期の日記中、屈指のものである。そこで、その中に用いられている「夜部」「夜前」について検すると、「夜部」二六例、「夜前」九例の用例を得る。

さて、それらの用例の中で特徴的なのは、日記の筆録者である実資の近親者の、実資に対する会話・消息に、「夜部」が比較的多く用いられているということである。

宰相云、……夜部邪気託人不称名、気色似故二条相府霊《兼道》、……夜部四壇阿闍梨、寺座主大僧都慶命、……云々、(寛仁二・閏四・二〇)

早朝宰相来、即参大殿、帰来云、夜部悩給、今朝尚不快坐、(寛仁二・五・一)

宰相来云、夜部従義光許所告送也、(万寿二・八・三)

早朝資頼従内退出云、……不知案内歟、又云、夜部名対面御読経間不然事也、(万寿四・八・一二)

右衛門督消息云、夜部内府被参者、(長和五・一・二)

左兵衛督示送云、宰相中将明日可参伊勢、仍住他所殊潔斎、而夜部有犬産穢者、(寛弘二・一二・六)

右の宰相(資平)・資頼は共に実資の養子(実資の兄懐平の子を養子にしたもの)、右衛門督・左兵衛督は兄懐平である。親しい者の間で用いられているこれらの用例から考えるに、「夜部」は極普通のことばであったのだろうと思われる。

「夜前」の方にも、実資に対する資平の会話に用例(一例)が見られる。

入夜中将来云、禅閤無増減、夜前沐浴、被始念仏、外人聞其声、上下走迷、存入滅由云々、(万寿四・一一・一三)

これは、資平(中将)が、病の篤い道長、狼狽える上下の人々の様子を実資に伝えたことについての記述である。資平も、状況が状況なだけに、普通の世間話をするのとは違って、改まった面持ちで緊張して報告したので

あろう。また、

廿八日戊申　……夜半許南町小人宅等焼亡、二条北辺尽焼亡、不及冷泉院小路、火勢猛烈、人々多来、前師来向、清談及深更、左衛門督以子右馬頭兼房有消息、宰相来、

廿九日　己酉　春宮大夫頼宗使左衛門尉顕輔、訪夜部火近事、藤宰相広業来謝夜前不来之事、（万寿二・七）

は、実資邸（大炊御門の南、烏丸の西）の近くで起こった大火についての記事である。権大納言頼宗（道長二男）の使として来た顕輔が極普通の様子で、「夜部」の「火」がどうであったのかを尋ね見舞ったのに対して、広業（故修理大夫有国二男）は恐縮しながら、「夜前」の「不来」を詫びたのであろう。頼宗（使、顕輔）について「夜部」を用い、広業について「夜前」を用いているのは、このような事情によるのではないかと思われる。

四条大納言御消息状云、夜前参大殿、明春事大略承之、（寛仁二・一二・二二）

寛平六年新羅凶賊時宣命、野美材自筆草、慮外尋得、……書写送四条大納言、為令見宣命趣之太優、報云、美材文華抜群者也、見菅家集者、又云、入道殿夜前参内、（寛仁三・四・二四。「野美材」は能書家として知られる小野美材）

右の二例は、共に権大納言藤原公任から大納言である実資に宛てた書簡に見られるものである。同職の間柄にある従兄弟同士とは言え、漢詩文に秀でた公任としては、平俗な感じのする「夜部」は、恐らく使いにくかったのであろう。

こうしてみると、平安時代中期頃の「夜部」（和語）は、極普通の、場合によっては平俗な感じのすることばであり、「夜前」（和製漢語）は、主として男性の用いる、改まった、あるいはとりすました感じのすることばであった、と見ることができるように思われる。したがって、漢語を避ける傾向の強い女性は、「夜前」を避け、

老尼御悩危急、自近衛殿告来、乍驚馳詣、女房等云、夜部甚重坐、今間雖重猶自夜べ小軽也云々、（権記、長徳四・三・二〇）

などのように、「夜部」を用いるのが普通であったのであろう。また、御堂関白記には、「夜部」が六〇例ほど用いられているのに対し、「夜前」の用例は一例もない。これは、政治生活はいさ知らず、日常生活においては天真爛漫であった（ように見える）道長の性格、あるいは権力者としての地位のなせるところではないかと思われる。仮に、「夜部」を、この道長などのような高位貴族の口頭語であるとする立場に立つとすると、例えば、

（薫）「北の院に参らむに、ことことしからぬ車、さし出でさせよ」と宣へば、（侍者）「……よべ御車率て帰り侍りにき」と申す。（源氏、宿木）

下衆《げす》下衆《げす》しき法師ばらなどあまた来て、……、「……右大臣殿の四位の小将、よべ夜更けてなん上りおはしまして、……」など、いとはなやかに言ひなす。（同右、手習）

などのような「夜部《よべ》」について、その説明に窮することになるように思われるが、どんなものであろうか。

院政期に入っても、例えば、後二条師通記には、

予答云、……夜部夢想、束帯人々被坐之由、所見侍也、（別記、寛治六・一一・一）

殿下仰云、重資弁、遅参、仍御気色不宜者、自夜前不行云々、（同右、寛治五・一・二七）

などのように、「夜部」「夜前」両語の用例（それぞれ一〇例ほど）が見られる。しかし、一方、厖大な量を誇る中右記には、御堂関白記とは逆に、

卯時許出日野、相逢途中下人等、申云、三条京極辺小屋夜前焼了、（保安一・七・六）

関白殿示給云、……、予云、……、仰云、夜前以右兵衛督所下給之申文等可持参、（長承三・二・二一）

など、「夜前」が一六〇例ほど用いられているものの、「夜部」の用例は一例も見当たらない。それぞれの日記の筆録者である関白藤原師通・右大臣藤原宗忠は、共に康平五（一〇六二）年生まれの同年者であるのに、このような差異を見せているのは、何によるものであろうか。今昔物語集に「夜前」が専用されていることとも関連があるはずであるが、この問題はなお後考に俟つこととしたい。

注

（1）「夜前」の読みは、文明本節用集に「ヤゼン」とあるのに従う。なお、今昔物語訓（国文註釈全書第十三巻所収）には、「夜前 ヨウベ」が挙げられている。

（2）例えば、日本古典文学大系『今昔物語集』（岩波書店・昭和三十五年刊）二・三七四頁下段（補注「今夜」）には、「今夜」が口頭語に用いられるにしても、やや文章語・雅語・古語がかった表現であるに対して、昨夜の意の、一番普通の口頭語的表現は、「夜前」であった。

とある。

（3）前田本色葉字類抄に、「此夕 コヨヒ　此夜 同」とある。

（4）この用例は、他の用例とは趣を異にし、「（来年ノ）この夜」の意に用いられている。

（5）「夜深更ケ」が「夜半」の前であることは、次のような例によって知られる。

夜深更ヌレバ、祖モ寝ニケリ。……夜半許ニ雨ノ交レニ馬盗人入来リ。（二五・一二）

（6）この「繋ゲル」は「繋（ギ）ケル」とも読めるが、今は日本古典文学大系本などに従うこととした。

（7）イェスペルセンの言う near past と考えることもできる（THE PHILOSOPHY OF GRAMMAR p.257 参照）。

（8）かつて、南方熊楠翁は、一日の起算のしかたに、⑴日没から（古代トルコその他回教諸国）、⑵夜半から（古代エジプト人・シナなど）、(3)日の出から（古代カルデア人・近世ギリシャ人など）、の三通りの方法があることを紹介された（「往古通用日の初め」『民俗学』二巻九号・昭和五年九月）。

（9）以下に引用する日記は、御堂関白記・後二条師通記（以上、大日本古記録）、小右記・権記・中右記（以上、増補史料大成）、明月記（国書刊行会）による。

（10）この用例によると、過去の助動詞「キ」を用いることのできる下限は、「子時許」ということになる。

（11）遠藤好英氏「平安時代の記録語の性格―「夜前」をめぐって―」（『国語学』一〇〇集・昭和五十年三月）。

記

本稿の骨子は、昭和四十八年六月二十三日に開かれた國學院大學国語学研究室会において、「過去と今と―今昔物語集の助動詞『キ』について―」と題して発表したものである。今回、稿を成すに当たって、題を改め、筆を加えた。

（『国学院雑誌』八七巻九号・昭和六十一〈一九八六〉年九月）

第三章　源氏物語の「給ふる」「侍り」について

一

平安時代を中心に用いられた補助動詞「給ふる」と「侍り」について、両語とも対者敬語であるとする点では今日の諸家の説のほぼ一致するところであるが、対者敬語としての「給ふる」の語性に関しては、自卑敬語とする説、丁寧語とする説の二説が今日なお併存し、必ずしも定説を得ているとは言い難い状態にあること、改めてここに述べるまでもないことである。このような現状に鑑み、源氏物語に用いられている「給ふる」について、「侍り」と比較する立場から考察を加えるのも強ち無駄なことではないと思われるのである。そこで本稿を成すことにしたのであるが、稿を成すに当っては、資料は、『源氏物語大成』（中央公論社刊）により、仮名遣いを訂し、適宜漢字を宛て、濁点、句読点を付すことにした。なお、「侍り」は、「給ふる」と比較するという立場から、「給ふる」に対応する、次に示す(イ)～(チ)の用法のものに限定したが、紙数の関係で、「給ふる」「侍り」ともその中の(イ)～(ニ)を中心として取り扱うことにした。

(イ)	思ひ給ふる	184	思ひ侍り	81
(ロ)	見給ふる	48	見侍り	28

(ハ)	聞き給ふる	8	聞き侍り	43
(ニ)	知り給ふる	1	知り侍り	12
(ホ)	思ひ給へ知る	118	思ひ知り侍り	41
(ヘ)	思ひ給へ知らる	17	思ひ知られ侍り	9
(ト)	見給へつく	29	見つけ侍り	9
(チ)	思ひ給へらる	68	覚え侍り	65

右の外に、「給ふる」の用いられているものとしては、(リ)思ひ給へ侍り5、(ヌ)見給へ侍り2、(ル)思ひ給へられ侍り4、(ヲ)思ひ給へ知り侍り19、(ワ)思ひ給へ知られ侍り2、(カ)悔い思ひ給ふる7、(ヨ)歎き思ひ給へ侍り1、(タ)思ひ給へ寄りがたし2、(レ)思ひ給へ定めがたく侍り2、がある。

(注)　右の(ホ)〜(ト)(ヲ)〜(カ)(タ)(レ)は代表例である。また、各の下の数字はその用例数である。

二

一般に、敬語を用いる場合には、(一)聞手と聞手の身分関係、(二)会話の行われる場の状況、(三)会話の話題・内容の三つの条件が用語上に大きな影響を及ぼすが、「給ふる」と「侍り」の場合には、右の外に、(四)承接する語の属性も重要な条件となるようである。この四つの条件の中(一)(二)は、発話がなくても存在する条件であるところから、外的条件ということができ、(三)(四)は、発話に伴って顕現する条件であるところから、内的条件ということができるが、以下、外的条件・内的条件のそれぞれについて、「給ふる」「侍り」との関係を考察することにする。

まず、会話の話手と聞手の身分関係であるが、「給ふる」と「侍り」の用いられる会話の話手と聞手の身分関係は複雑多様であるので、ここでは詳細を明らかにすることは避けることにし、代表的な場合についてのみ取り扱うことにしたい。さて、源氏物語などの敬語に関する代表的な身分関係としては、聞手が帝・院である場合（この場合には、話手が誰であるかはあまり問題にならない）と、話手と聞手とが夫婦である場合とが挙げられる。前者の場合の会話では、話手は畏まったことばづかいをし、後者の会話では、打解けたことばづかいをするのが普通であると考えられるところから、右のような場合を選んでみたのであるが、これらの身分関係とその会話の中に用いられている「給ふる」「侍り」との関係を調べると、次のようになる。

まず、聞手が帝の場合、

1参りて心のどかに昔の御物語も、など思ひ給へながら、（薄雲、六一五頁③行。話手・藤壺→聞手・冷泉帝）

2（光源氏ハ）齢の程よりは、世をまつりごたむにも、をさ〳〵憚りあるまじうなむ見給ふる。（賢木、三四一⑫。桐壺院→朱雀帝）

3いと忝く渡りおはしまいたるになん、更に昔の御代のこと思ひ出でられ侍る。（少女、七〇六④。弘徽殿大后→冷泉帝。「思ひいでられ侍る」は、河内本六本とも「思ひ給へ出でられける」、別本は、保坂本など三本が河内本と同文、国冬本には「さらに思う給へ出づる」とある）

4今は夜居などいと堪へがたう覚え侍れど、（薄雲、六一九②。夜居僧都→冷泉帝。「覚え侍れど」は、河内本五本とも「なりにて侍るを」、別本は、陽明家本「なりにて侍れど」、保坂本「なりて侍れど」、伝二条為氏筆本「なりにたるを」、麦生本・阿里莫本「おもほえ侍りぬれど」とある）

など、「給ふる」「侍り」の両語が用いられるが、「給ふる」一〇例、「侍り」二例で、「給ふる」が優勢である。

なお、「侍り」の二例は、右に掲げた3・4の例であるが、二例とも自発の意を表す語（らる・覚ゆ）と共に用いられている。これは、たとえば、

5よからぬものの上にて、（母上ヲ）恨めしと思ひ聞えさせつべき事の出でまうで来たるを、かうも思う給へじとかつは思ひ給ふれど、なほしづめがたく覚え侍りてなん。（少女、六八二⑩。内大臣→母大宮）

などのように、「思ふ」には「給ふる」を用いながら、自発の意を表す「覚ゆ」については「侍り」を用いている例のあることから考えて、3・4が話手の主体性を表面に強く押し出さない自発の表現となっているために「給ふる」を用いなくても済んだものとも考えられる。なお、河内本などに従えば、3は「給ふる」の例、4は本章の対象とならないものとなり、「侍り」は皆無ということになる。

聞手が院の場合も、

6夢のやうに思給へ乱るる心惑ひに、（柏木、一二四一⑥。光源氏→朱雀院）

7朝廷にも仕うまつり侍る間、世中の事を見給へまかりありく程には、（若菜上、一〇二九⑧。夕霧→朱雀院）

8この（宇治ノ八宮ノ）姫君たちの、琴弾きあはせて遊び給へる、河波にきほひて聞え侍るはいとおもしろく、極楽思ひやられ侍るや。（橋姫、一五一五⑩。阿闍梨→冷泉院）

9生くべうも覚え侍らぬを、かくおはしまいたるついでに、尼になさせ給ひてよ。（柏木、一二三八⑪。女三宮→朱雀院）

など、「給ふる」六例、「侍り」二例が用いられているが、ここでも、「侍り」の二例（右の8・9）は共に自発の表現に関して用いられている。また、右の8の話手は冷泉院の師僧に当たる阿闍梨である点、前に掲げた4の「覚え侍り」の話手が夜居僧都であることと相通じるところがある。仏法上では先達の位置にある僧侶という身

分などを考慮に入れれば、「侍り」が用いられ易いということも考えられないでもない。
実は、右の院に用いられている「給ふる」六例の中、右に掲げた7の例を除く五例は、いずれも光源氏→朱雀院の会話に用いられているものである。そこで、逆に、朱雀院→光源氏の会話に注目すると、
10かくても残りの齢なくは、行ひの志もかなふまじければ、まづ暇にてものどめおきて、念仏をだにと思ひ侍る。（若菜上、一〇四六⑩）
11古へのためしを聞き侍るにも、（同右、一〇四八③）
12又しか捨つる中にも、捨てがたき事ありて、さま〴〵に思ひ煩ひ侍る程に、（同右、一〇四八⑥）
13今日か明日かと覚え侍りつつ、さすがに程経ぬるを、（同右、一〇四六⑪）
など、「侍り」が八例を数えるのに対し、「給ふる」は次の三例である。
14はか〴〵しからぬ身にても、世にながらふる事、ただこの（出家ノ）志に引きとどめられたると思う給へ知られぬにしもあらぬを、（若菜上、一〇四七①）
15（娘ノ女三宮ガ）かくなむ進み宣ふを、今は限りのさまならば、片時の程にても、その助け（功徳）あるべきさまにて（女三宮ヲ出家サセテヤリタイ）となむ思給ふる。（柏木、一二三九②）
16（アナタノ）御本意にはあらざりけめど、（女三宮ヲアナタニ）かく聞えつけて、年頃は心安く思給へつるを、（同右、一二四一⑩）
右の三例の中、15は、聞手（光源氏）の妻となっている女三宮を出家させてやりたいと切り出したもの、16は、光源氏に無理に女三宮をお願いして、お蔭でここ数年は安心して過ごさせていただいたというもので、共に、後に述べる会話の話題・内容から「給ふる」を用いることになったものであると考えられる例である。

右に指摘した通り、光源氏の朱雀院に対する会話では専ら「給ふる」を用いているが、同じ光源氏でも、妻である紫上・女三宮に対する会話では、様相が一変し、専ら「侍り」を用いる。

17昼などけざやかに渡らむも便なきを、夜の間に忍びてとなん思ひ侍る。（若菜上、一〇六九⑭）

18あやしう物はかなき夢をこそ見侍りしか。（明石、四六六⑫）

など、紫上に用いられた「侍り」五例と、

19もろともに身を捨てむも惜しかるまじき齢どもになりにたるを、やう〳〵涼しく思ひ侍り。（若菜下、一二一〇⑦）

20かやうにても、見奉る事は絶ゆまじきぞかしと思ひ慰め侍れど、（柏木、一二五〇⑫）

など、女三宮に用いられた「侍り」四例とがそれである。一方、妻である女三宮の光源氏に対する会話にも用例が一例あって、やはり「侍り」が用いられている。

21（私ガ）尼になりて、もしそれにや生きとまると試み、また亡くなるとも、罪を失ふことにもやとなむ思ひ侍る。（柏木、一二三六③）

右の光源氏の紫上・女三宮に対する場合、女三宮の光源氏に対する場合だけでなく、一般に夫婦の間の会話では「侍り」が用いられ、薫→女二宮（一八九九⑬・一九〇〇①・一九四一⑧）、鬚黒大将→北方（九四三⑥・九五五⑥）、北方→鬚黒大将（九四二⑫）などは、いずれも「侍り」だけを用いている。

右の事実は、「給ふる」「侍り」の用いられている会話の話手と聞手の社会的・心理的な隔りが大きい場合には「給ふる」が用いられることが多く、両者のその隔りが小さく、打解けた間柄である場合には「侍り」が用いられることが多い、ということを示すものであると考えられる。

三

会話を引用する語と「給ふる」「侍り」との間にもある種の関係が存在する。

たとえば、

22（源）「……」と聞え給ふ。（大宮）「……心得ずなん見給ふる」と、この中将の御事と思して宣へば、打笑ひ給ひて、（源）「……捨て給ふこともやと聞き侍りて、……諫め給ふよしを見侍りしのち、……人わるう悔い思う給へてなむ。……すすい給はざらむとは思給へながら……いとほしう聞き給ふる」など申し給うて、（源）「……何かはと思う給へ許して、……思ひ弱り侍りしついでになむ、……思ひとまり侍るに、……ついでになむ思う給ふる。……」と聞え給ふ。（大宮）「……」と聞え給へば、（源）「……」と、御口かため聞え給ふ。

（行幸、八九二②〜八九五⑥。光源氏↕大宮）

の例では、会話を引用することばとして「と宣ふ」「と聞え給ふ」「と御口かため聞え給ふ」「と申し給ふ」が用いられている。その中で、光源氏の会話に限ってみると、「聞ゆ」を用いた会話が三つ、「申す」を用いた会話が一つとなり、話手と聞手が同一の、連続した会話を引用するのに二種の客体敬語を用いていることになるが、作者は何故この二種の敬語を使い分けたのであろうか。ここで、各の会話に注目してみると、「申す」で引用される会話が他の会話と多少とも違っているのは、その会話の最後に、用例の少ない「聞き給ふる」を用いていることである。既に示したように、「聞き給ふる」は、大部な源氏物語の中でも僅に八例を数えるに過ぎず、滅多に用いられないことばである。したがって、その滅多に用いられないことばである「聞き給ふる」と「申す」との間には深い関係がある筈だと考えられる。そこで、初めに掲げた(イ)～(ニ)について、引用する語との関連を見ると、次のようになる。

	奏す	啓す	申す	-申す	聞えさす	聞ゆ	-聞ゆ	宣ふ	その他	（計）
思ひ給ふる	1	1	10	1	1	59	3	19	89	184
見給ふる		3	5		1	16	2	3	18	48
聞き給ふる			4			2		1	1	8
知り給ふる			1							1
思ひ侍り			1		1	24	1	22	32	81
見侍り			2			8		3	15	28
聞き侍り			3			12	1	10	17	43
知り侍り						4	1	2	5	12

右の表で明らかなように、「奏す」「啓す」によって承けられた会話には、「侍り」は用いられず、「給ふる」が用いられている。

23「……今すこし齢かさなり侍りなば、のどかなる行ひに籠りなむと思ひ給ふる」と、常の御言の葉に変らず奏し給へば、（薄雲、六二四⑥。光源氏→冷泉帝）

24「あやしき山里に、年頃まかり通ひ見給へしを、人の誹り侍りしも、さるべきにこそはあらめ、誰も心の寄る方のことは、さなむあると思給へなしつつ、猶時々見給へしを、所のさがにやと、心憂く思給へなりにし

後は、……はかなき世の有様、取り重ねて思給へしに、……」と啓し給ふに、（手習、二〇四六。薫→明石中宮）

25「六条の院の姫宮の御方に侍る猫こそ、いと見えぬやうなる顔して、をかしう侍りしか。はつかになむ見給へし」と啓し給へば、（若菜下、一一二七⑦。柏木→春宮）

「申す」によって承けられた会話の場合も、「給ふる」が二一例、「侍り」が六例で、「給ふる」が優勢である。しかも、「侍り」六例の中、四例は、この項の最初に掲げた用例22の中の二例（「見侍り」「聞き侍り」）、及び次に掲げる二例で、いずれも、稀少な例である「聞き給ふる」「知り給ふる」と同じ会話の中に見られるものである。

26「くはしくも知り給へず、女どもの知るたよりにて仰言を伝へ始め侍りしに、中にかしづくむすめとのみ聞き侍れば、守のにこそはとこそ思給へつれ。……あがめかしづかると聞き侍りしかば、……」と、腹あしく言葉多かる者にて申すに、（東屋、一七九七。媒人→少将）

残る二例も、

27「……朝廷に仕うまつりし際は、羽を並べたる数にも思ひ侍らで、うれしき御顧みをこそ。……思う給へ知らぬには侍らぬを、齢の積りには、げにおのづからうちゆるぶ事のみなむ多く侍りける」など、かしこまり申し給ふ。（行幸、八九九①。内大臣→光源氏。「思ひ侍らで」は、青表紙本六本の中、横山本・三条西家本は「侍らで」、肖柏本は「及び侍らで」、河内本五本とも「及び侍りて」、別本三本の中、陽明家本・保坂本は「及び侍て」、麦生本は「ならひ侍らず」とある）

28「中務宮参らせ給ひぬ。大夫はただ今なん、参りつる道に、御車引きいづる、見侍りつ」と申せば、（東屋、一八二七⑫。侍→匂宮）

の二例であり、用例27の「思ひ侍り」は本文に疑いの残るもの、用例28は「見侍り」の対象が「御車引きいづる

（ヲ）」である点から見て、後述のように、一般に「給ふる」が用いられることが少なく、むしろ「侍り」が用いられるものである（用例43〜46参照）。そうしてみると、いよいよ、「申す」によって承けられる会話では「給ふる」が「侍り」より優勢であるということになる。特に、初めに注目した「聞き給ふる」については、八例中の半数四例が「申す」によって承けられ、更に、源氏物語に一例しかない「知り給ふる」も「申す」によって承けられているということは看過できないところである。

源氏物語の「申す」については、既に「『申す』によって関係づけられる話手と聞手、為手と受手との間には、心理的な隔りが存する」ということなどが明らかにされている（和田利政先生「源氏物語の『申す』」『国学院雑誌』五七巻七号）。そうすると、「申す」と関係の深い「給ふる」もまた、話手と聞手との間に心理的な隔りがある場合に用いられるものであるということができそうである。

四

敬語を用いる場合、会話の行われる場の状況からも大きな影響を受けるものである。

29（光源氏ハ左大臣邸ヲ）まだ夜ぶかう出で給ふ。女君（葵上）、例のしぶしぶに、心もとけず物し給ふ。（源）「かしこ（二条院）にいとせちに見るべき事の侍るを、思ひ給へ出でて。立ちかへり参り来なむ」とて出で給へば、（若紫、一八九④。「思ひ給へ出でて」は、底本以外の諸本「思ひ給へ出でてなん」とある）

右は、光源氏が若紫邸へ行くことを隠して、自邸二条院へ行く由の言い訳をしているものであるが、この場の状況は、妻の葵上が「しぶしぶに心もとけず物し給ふ」ような状況である。前述の通り、一般に夫婦の間では

「侍り」が用いられるのであるが、このように夫婦の間に心理的な隔りのある状況では「給ふる」が用いられている。

30少将の君にまうでて、「しか〱なん」と申しけるに、（浮舟ガ常陸介ノ継娘デアルト知ッテ、少将ハ）気色あしくなりぬ。（少将）「初めより更に守の御むすめにあらずといふ事をなむ聞かざりつる。……ようも案内せで、浮びたる事を伝へける」と宣ふに、いとほしく（スマナク）なりて、（媒）「くはしくも知り給へず、女どもの知るたよりにて仰言を伝へ始め侍りしに、……」と、腹あしく言葉多かる者にて申すに、（東屋、一七九七⑦）

これは、浮舟と少将との間をとり持とうとしていた媒人が詳しい事情を知った少将に詰られているところである。「気色あしくなり」、「浮びたる事を伝へける」と詰め寄っている少将に対し、媒人は、浮舟の種姓を充分に知らないままに少将に勧めたことに恐縮の意を表す必要のある状況である。このような状況の下で、源氏物語の唯一例の「知り給ふる」が用いられているのであるが、これも、会話の行われる場の状況、特に自責の念にかられるような状況、恐縮しなければならないような状況と「給ふる」との密接な関係を示す例であると言えよう。

五

会話の話題・内容の如何も、この「給ふる」「侍り」両語の使用に際して、少なからぬ影響を与えるものと考えられる。

31対の上（紫上）の御心、おろかに思ひ聞えさせ給ふな。いとありがたく物し給ふ深き御気色を見侍れば、身にはこよなくまさりて、（紫上ガ）[a]長く御世にもあらなん、とぞ[ロ]思ひ侍る。……（紫上ハ）[b]いとかうしも物し給はじ、となん年頃は猶世の常に[ハ]思う給へ渡り侍りつる。（若菜上、一一〇一。明石上→明石女御）

右は、明石上が娘である明石女御に教訓している会話であるが、その中に「侍り」と「給ふる」（傍線部イ・ロ・ハ）が用いられている。この三例中、「思ふ」を承けて用いられているロ「思ひ侍り」とハ「思ひ給へ渡り侍り」とを比較すると、前者の「思ふ」の内容（傍点部a）が、聞手（自分の娘）が世話になり、馴染んでもいる紫上にとって好意的なものであるのに対して、後者の「思ふ」の内容（傍点部b）は、事実に反する、言わば紫上を誤解していたというものである。そういう内容で、前者に「侍り」を用い、後者に「給ふる」を用いているが、前者に「侍り」を用いているのは、その紫上に好意的な内容がしからしむるところであり、後者に「給ふる」を用いているのは、紫上についての自己の主観的な判断が誤っていたことに対する恐縮の念がしからしむるところであると考えられる（傍線部イについては用例43〜46参照）。

32「くはしくも[イ]知り給へず、女どもの知るたよりにて仰言を伝え始め侍りしに、[a]中にかしづくむすめ、とのみ[ロ]聞き侍れば、[b]守の（娘）にこそは、とこそ[ハ]思ひ給へつれ。[c]あがめかしづかる、と[ニ]聞き侍りしかば、……取り申ししなり。更に浮びたる罪侍るまじきことなり」と、腹あしく言葉多かる者にて申すに、（東屋、一七九七。媒人→少将）

これは、前に引用した用例30と同じ会話であるが、ここにも「給ふる」と「侍り」が用いられている。既に説明を加へた傍線部イの「知り給へず」のように珍らしいことばづかいをするほどでありながら、傍線部ロ・ニに「侍り」が用いられていることが注目される。しかし、これは、他人から聞きこんだ事実（傍点部a・c）をそのまま「聞く」の内容としているもので、そこには、話手の主観的な判断や色づけはなされていない。つまり、この部分に関しては聞手の少将に対して恐縮する必要はない、という話手の姿勢が「侍り」に反映しているものと考えられる。一方、傍線部ハの「思ひ給ふる」の内容（傍点部ｂ）は、他人からの伝聞（傍点部ａ）から主観的に判断したもので、しかもこの判断は間違った判断であり、そのため聞手の機嫌を損ねている。このような場合は、右の用例31の傍線部ハと同様に、「給ふる」を用いるのが相応しく、「侍り」は用いにくいものと考えられる。

33（源）「……その（今上ノ）御前の御遊びなどにひときざみに（第一流ノ者トシテ）選ばるる人々（ハ）、（コノ邸ノ）それかれと（比ベテ）いかにぞ」と宣へば、大将、「それをなむ取り申さむ、と思ひ侍りつれど、あきらかならぬ心のままに、およすけてやは（マセタ口ヲキクノハドウカ）、と思給ふる。……」とめで聞え給ふ。
（若菜下、一一五六。夕霧→光源氏）

この例も、傍点部ａは聞手の気持ちに即した内容、傍点部ｂは結果として聞手の気持ちに背いた主観的な判断を含む内容である。右に述べて来た通り、このような内容の場合、前者については「侍り」（傍線部イ）を後者については「給ふる」（傍線部ロ）を用いるのが妥当であるということになる。聞手の気持ちに背くことになるか、ならないか、ここにも「給ふる」「侍り」のいずれを用いるかという際の選択の拠り所があると考えられるのである。

「給ふる」「侍り」は、ともに対者敬語であるところから、会話などで対者（聞手）のことについて述べる場合には、やはり大きな影響を受けることになる。たとえば、聞手に関する事物を見る場合の「見給ふる」「見侍り」の用例は、「見給ふる」が八例あるのに対して、「見侍り」は一例しかない。

34かかる（アナタ様ガ須磨へ退去ナサル）御事を見給ふるにつけて、（須磨、三九七⑭。致仕大臣→光源氏。「見給

ふる」は底本には「見給ふ」とあるが、諸本によって訂した）

35天の下をさかさまになしても、思う給へよらざりし（アナタ様ノ）御有様を見給ふれば、（同右、三九八②。致仕大臣→光源氏）

36いと珍らしき（アナタ様ノ）御文をかた〳〵うれしう見給ふるに、（夕霧、一三三五⑬。夕霧→一条御息所）

37さき〳〵も（アナタ様ノ）御気色を見給ふれば、（総角、一六〇五⑪。弁尼→大君）

38（アナタ様ノ）仮名文見給ふるは、目の暇いりて、念仏も懈怠するやうにやくなうてなん、……（私自身ガ）小さき舟に乗りて西の方をさして漕ぎ行く、となん（夢ヲ）見侍りし。（若菜上、一〇九四④。明石入道→明石上）

39いとかうもて離れたる（アナタ様ノ）御心ばへは、見給ふる人（私ドモ）さへ心苦しく。（末摘花、二一七⑦。大輔命婦→光源氏）

40かしこ（宇治ノ山荘ヲ）はなほ尊き（仏ノ）方に思し譲りてよ。時々（アナタ様ノ山荘ヲ）見給ふるにつけては、（宿木、一七一八⑫。薫→中君）

41かの（大弐ノ北方ノ）聞え給ふもことわりなり。また、（アナタ様ノ）思し煩ふもさる事に侍れば、（オ二方ノ御様子ヲ）中に見給ふるも心苦しくなむ。（蓬生、五三〇⑫。侍従君→末摘花）

42いみじき事（娘ノ死）に死なれ侍らぬ命を心憂く思う給へ歎き侍るに、かかる（アナタ様ノ）仰言見侍るべかりけるにやとなん。（蜻蛉、一九五八⑬。浮舟母→薫。「見侍る」は、別本六本の中、陽明家本・保坂本の二本に「見給ふ」とある）

この事実は、聞手に関しない事物を見る場合、

43ここらの齢にて、明王の御代四代をなん見侍りぬれど、（花宴、二七五⑦。左大臣→光源氏）

44俗の方の書を見侍りしにも、（若菜上、一〇九五②。明石入道→明石上）
45いとありがたく物し給ふ深き（紫上ノ）御気色を見侍れば、（同右、一一〇一⑧。明石上→明石女御）
46今更に京を見侍らんことは物憂くて、（東屋、一八四二③。弁尼→薫）
（注）右の43～46の四例それぞれの話手→聞手の会話には、「給ふる」も用いられる。

などのように、「見侍り」が用いられることが多いということを考えると、「給ふる」「侍り」両語の差異を示すものと考えることができる。

また、語の属性に関することでもあるが、「世話をする」「懇意にする」などのような意の「見る」についても、

47この見給ふるわたりより、なさけなくうたてある事をなん、さるたよりありてかすめ言はせたりける、（帚木、五六⑧。頭中将→光源氏たち）
48むかし見給へし女房の尼にて侍る、（夕顔、一二八⑩。惟光→光源氏）
49忘れわび侍りて、いとど罪深うのみ覚え侍りつる慰めに、この月頃見給ふる人になむ。（手習、二〇一二⑤。妹尼→中将）
50あやしき山里に、年頃まかり通ひ見給へしを、……さなむあると思給へなしつつ、猶時々見給へしを、（同右、二〇四六⑥。薫→明石中宮）
51このさがな者を、うちとけたる方にて、時々かくろへ見侍りしほどは、（帚木、五三⑤。左馬頭→光源氏たち）

のように、「侍り」が一例あるものの、「給ふる」が五例あり、ここでもやはり、「給ふる」が優勢である。これは、この意味の「見る」においては動作の主体（話手）が強く前面に押し出されるために、「給ふる」が多く用いられるものと考えられる。

なお、聞手に関する事物を見る場合には、「給ふる」「侍り」の外、客体敬語の「奉る」が用いられることもある。

52 年頃おぼつかなくゆかしく思ひ聞えさせし（アナタ様ノ）御顔、常にえ見奉らぬばかりこそ、手打たぬ心地し侍れ。（常夏、八四四①。近江君→内大臣）

53（アナタ様が）命も堪ふまじく、身を砕きて思し惑ふを見奉れば、（若菜下、一一八五④。物怪→光源氏）

また、聞手そのものを見る場合には、

54 かかる御消息にて（アナタ様ヲ）見奉る、返す〳〵つれなき命にも侍るかな。……却りてはつらくなん畏き御心ざしを思給へられ侍る。（桐壺、一四②。桐壺更衣母→靫負命婦）

55 あはれに人知れず（アナタ様ヲ）見奉りしのちよりは、思ひいで聞えぬ折なけれど、世中かばかり思ひ給へ捨てたる身にて、（東屋、一八四四②。弁尼→浮舟）

などのように、総て「奉る」を用いている。

六

上接語の属性と「給ふる」「侍り」との関係も注目されてよい点がある。

まず、初めに掲げた(イ)〜(チ)中で最も単純な形である(イ)〜(ニ)について、用例数と用例比率とを示せば、次のようになる。

		用例数		用例数	用例比率（給ふる／侍り）
(イ)	思ひ給ふる	184	思ひ侍り	81	230／100
(ロ)	見給ふる	48	見侍り	28	180／100
(ハ)	聞き給ふる	8	聞き侍り	43	20／100
(ニ)	知り給ふる	1	知り侍り	12	8／100

右によれば、「給ふる」の「侍り」に対する比率は、上接語が「思ふ」である場合が最も大きく、以下、「見る」「聞く」「知る」の順であるが、この順は、それぞれの語の有する判断作用に関する属性の多少の順に一致する。即ち、「AはBである、と思ふ・見る・聞く・知る」という表現の「思ふ」「見る」「聞く」「知る」は、それぞれ、「AはBである」という判断に関連しているが、その主体的な判断作用に関する属性は、「思ふ」が最も多く、以下、順にその属性は減じ、「知る」が最も少ないと考えられる。その順と右の用例比率の順とが一致するのである。右の中で「思ふ」と「見る」の比率が比較的近い値を示すのは、「……と見る」という用法の「見る」が「思ふ」とほぼ同程度、判断作用に関与することを考えると、首肯できるところがある。

松尾捨治郎博士は、

何故に給ふるの上の動詞が斯く小範囲（筆者注、「思ふ」「見る」「聞く」など）に限られて居るか、此も一の不可思議であつて、会心の説を見聞したことが無い。（『国語法論攷』八七三頁）

と言われたが、右のように、上接語の判断作用に関する属性という点から、ほぼ説明ができそうに思われる。判断作用に関わるということは、話手の主観的な判断や色づけをそこに加えることができるということであり、自然、話手そのものが前面に押し出されてくることにもなる。そうなると、場合によって、話手は、畏まり、恐縮する必要も出てくる。ここに、「給ふる」の用いられる契機があると考えられるのである。そう考えれば、判断作用に関する属性を有しない「走る」「打つ」などの動詞は勿論、自発の意の動詞「覚ゆ」に「給ふる」がつかない（少なくとも、源氏物語ではつかない）こと、判断作用に関する属性の稀薄な「知る」を承ける「給ふる」の用例が極端に少ないことなどについても説明ができることになる。

源氏物語の実際の用例に徴しても、右のようなことが言えそうである。たとえば、「聞き給ふる」の全用例（八例）を構文により分類してみると、次のようになる。

甲56主人のむすめども多かり、と聞き給へて、（帚木、五九④。藤式部丞→光源氏たち）

57かの大納言の御むすめ物し給ふ、と聞き給へしは。（若紫、一六一①。光源氏→北山僧都）

58不断の三昧堂など、いと尊くおきてられたり、となん聞き給ふる。（浮舟、一八六五⑩。内記→匂宮）

59ただこの十二月の頃ほひ申す、と聞き給へし。（同右、一八六六①。内記→匂宮。底本には「聞き給ひし」とあるが、諸本によって訂した）

乙60何事につけても、末になれば、落ちゆくけぢめこそやすくはべめれ。（内大臣ノ夕霧ニ対スル仕打ヲ）いとほしう聞き給ふる。（行幸、八九三④。光源氏→大宮）

61引きたがへたらむさまに御心おき給はむも、さる御中らひにては、いといとほしくなん聞き給ふる。（藤袴、九二二⑪。夕霧→光源氏）

丙62親のおきてにたがへりと思ひ嘆きて、心のゆかぬやうになん聞き給ふる。（帚木、七三⑭。紀伊守→光源氏）

63（尚侍ニ）なるべき人物し給ふやうに聞き給ふれば、（行幸、九一〇⑤。近江君→内大臣）

右の甲（56〜59）は「……と聞き給ふる」の形、乙（60・61）は「……いとほしく《う》聞き給ふる」の形、丙（62・63）は「……やうに聞き給ふる」の形であるが、乙は、「……いとほしと聞き給ふる」の形で理解することができ、丙も、「やうに」の代りに引用の格助詞「と」を用いて類似の内容を表すことができるところから、これらは、いずれも、甲の「……と聞き給ふる」の類例として認めることができる。この形で用いられる「聞く」は判断作用に関する属性を有するため、更に言えば、主観的な判断や色づけを加えることができるため、「給ふる」が用いられることにもなるものと考えられる。

一方、「聞き侍り」の用例（四三例）の中には、右の甲・乙と同趣の形の用例の外、

丁64いとあやしき事をこそ聞き侍りしか。（蜻蛉、一九七一⑦。大納言君→明石中宮）

65物のあなた思う給へやらざりけるが物はかなさを、いかで、ようい ひ聞かせん人の勧めをも聞き侍りて、（鈴虫、一三〇二⑬。秋好中宮→光源氏）

66この五六日ここに侍れど、病者の事を思う給へ扱ひ侍るほどに、隣のこと（ヲ）はえ聞き侍らず。（夕顔、一〇四⑫。惟光→光源氏）

67いとかくまで落ちあぶるべき際とは思給へざりしを、珍らかに跡もなく消え失せにしかば、身を投げたるにやなど、さまぐ〜に疑ひ多くて、たしかなる事（ヲ）はえ聞き侍らざりつるになん。（夢浮橋、二〇五九⑦。横川僧都→薫）

など、「……を聞き侍り」の例が一八例見られる。右の例などは、会話の話手と聞手の身分関係、前後に「給ふる」が用いられていることなどから考えて、「聞き給ふる」とあってもよさそうであるが、そうならないのは、これらの用例の「聞く」が単に物・事を聞く意の動詞として用いられていて、判断作用に関する属性は皆無であ

り、したがって、主観的な判断や色づけも加えられないからであると考えられる。このことは、「聞く」についてばかりでなく、

68（私ヲ）六位など人のあなづり侍めれば、暫しのことと思う給ふれど、内へ参るも物憂くてなん。……親いま一所おはしまさましかば、何事を思ひ侍らまし。（少女、七〇二⑪。夕霧→大宮）

69紅葉は、一人見侍るに、錦暗う思給ふればなむ。（賢木、三六〇④。光源氏→王命婦）

の「思ひ侍り」「見侍り」などについても、言えることであると思う。

七

承接する語の属性という点に関して、複合動詞とそれに介在する「給ふる」とに注目すると、次のような事実に気付く。

源氏物語には、「思ひ怠る」が二例、「思ひたゆたふ」が二例、「思ひ恨む」が一例あるが、いずれも、「給ふる」と共に用いられている。

70こよなう程経侍りにけるを、思給へ怠らずながら、（葵、三〇七⑭。光源氏→六条御息所）

71一言にても承りおきてしかば、さらに思給へ怠るまじくなん。（椎本、一五五四③。薫→八宮）

72口惜しく（出家ヲ）思ひ給へたゆたひしかど、（夕顔、一〇二⑭。大弐乳母→光源氏）

73この方（出家）の本意深く進み侍りにしを、心弱く思う給へたゆたふ事のみ侍りつつ、（若菜上、一〇四六⑤。光源氏→朱雀院）

74宮仕の労もしるしなげなる世に、思給へ恨みてなむ。（総角、一六二三⑩。薫→大君）

また、「思ひたゆむ」三例の中、会話文に用いられた二例も、やはり「給ふる」が用いられている。

75かくわざともあらぬ御遊びとかねて思給へたゆみける心の騒ぐにや侍らむ、（若菜下、一一五六⑬。夕霧→光源氏）

76よろしう怠り給ふさまに承りしかば、思給へたゆみたりし程に、（夕霧、一三四一③。夕霧→落葉宮）

これらの動詞は、いずれもその複合下部の動詞（怠る・たゆたふ・恨む・たゆむ）が外聞の悪いものである。このことも「給ふる」の使用に微妙な影響を与えているのではないかと思われる。

また、源氏物語に一例ある「思ひ畏まる」にも「給ふる」が用いられている。

77神事なる頃、いと不便なることと思給へ畏まりて、え参らぬなり。（夕顔、一三〇⑨。光源氏→頭中将）

既に述べて来たところによって知られる通り、「給ふる」は畏まりの意と深い関係のある語と思われるのであるが、そうだとすれば、「思ひ畏まる」という語と折り合うことこの上もないものであると言うことができる。

以上で、「給ふる」「侍り」に関する考察を終えるが、その結果によると、「給ふる」の語性は、単なる丁寧語と見るよりは、自卑敬語と見る方がよいと考えられる。その際、既に松尾捨治郎博士などによって指摘されている、「給ふる」の動作主体は大部分第一人称者であり、例外的にそれに準ずる身分の者である、という事実も大いに参考になる。一方、右の結果によると、補助動詞「侍り」は、世間通行の説の通り、丁寧語と見る方がよいと考えられる。なお、本章の対象とならない「侍り」についても、たとえば、

とかう紛らはさせ給ひて、（アナタ様ガ病ヲ）思し入れぬなんよく侍る。（若紫、一五二⑬。供人→光源氏）

（アナタ様ノ）御琴の音、いかにまさり侍らむ、と思給へらるる夜の気色に、（末摘花、二〇三⑧。大輔命婦→末摘花）

（アナタ様ハ）のどかになん聞召し果て侍るべき。（橋姫、一五二八⑩。弁尼→薫）

など、自卑敬語とすることの無理な例が多く、既に源氏物語の「侍り」について公にされた自卑敬語説は一般性があるものとは認め難い。随って、源氏物語の「侍り」は、一般に丁寧語として用いられたと考えられるのである。

（『金田一博士米寿記念論集』三省堂・昭和四十六〈一九七一〉年一月）

第四章　「申す」「聞えさす」「聞ゆ」

——官位・身分・人名を承ける場合について——

序

平安時代の謙遜語「申す」「聞ゆ」については、その各の用法及び両語の差異についての論考は既に発表されているが、[1]「聞えさす」を加えた三語の間の差異についての論考は、取扱いにくい点があるためか、未だ発表されていないようである。[2] そこで、せめて「申す」「聞えさす」「聞ゆ」の本質的な差異の一端でも窺うことができたらという願いの下に調査してみたのが本章である。この調査では、取扱いを容易にするために、「申す」「聞えさす」「聞ゆ」の用法の中、資料を、

世の中に、宇多の帝と申す帝おはしましけり。（栄花物語、月の宴）

山の井大納言道頼と聞えさせけるなんかくありし。（同右、蜘蛛の振舞）

左大臣に源氏の兼明と聞ゆる、なり給ひぬ。（同上、月の宴）

などのように、「と」（稀に「など」）を介して官位・身分・人名を承ける用法のものに限定し、作品は右のような条件に適う用例の多い栄花物語（日本古典全書）を中心とし、大鏡（日本古典文学大系）・源氏物語（『対校源氏物語新釈』）についても調査した。なお、栄花物語の成立については諸説があるが、全体を巻一「月の宴」〜巻三

○「鶴の林」（以下、これを正篇と呼ぶ）と巻三一「殿上の花見」～巻四〇「紫野」（以下、これを続篇と呼ぶ）の二部に分つのが定説となっているようであるから、本稿でもこれに随い、正篇と続篇とに分けて、別に取扱うことにする。

一　栄花物語（正篇）

栄花物語は、歴史物語であるところから登場人物が比較的多く、それを紹介するために用いられる「申す」「聞えさす」「聞ゆ」もまたその用例が多い。今、その用例を会話文、地の文の二類に分けてみると、正・続篇を通じて、会話文の用例は、

（僧ガ里人ニ）「摩訶毗盧遮那とこれをなん申す」とて、普賢経の文をいひ聞かす。（玉の台、三・66。漢・洋数字は用例のある巻・ページ数を示す）

が見られるくらいのものであるから、無視してよく、随って、以下で取扱う資料は総て地の文に限られることになるが、便宜上、これらの用例を「帝・東宮・院（女院ヲ含ム）・后（女御ヲ除ク）・宮（東宮ヲ除ク）・女御（御匣殿・御息所・督殿ヲ含ム）・摂政関白・太政大臣・大臣（左・右・内）・大納言以下」の一〇類に分類し、その何れにも該当しないものを「その他」として一括して取扱うことにする。

さて、右の分類に随って用例を分類してみると、「申す」は、

世の中に、宇多の帝と申す帝おはしましけり。（月の宴、一・147）

帝、東宮と申すは、若くいはけなうおはしますだに、……（初花、二・96）

同じ院と申す中にも、（三条院ハ）心うるはしく、もの清くおはします。（ゆふしで、二・207）

女御も后に立たせ給ひて中宮と申す。（月の宴、一・179）

成明親王と申しける、さし続きて帝位《みかど》に居させ給ひにけり。（同右、一・148）

それは殿の御妹の、院の女御超子と申しける、……（楚王の夢、三・195）

（道長ハ）帝若うおはします程は摂政と申し、大人びさせ給ふ折は関白と申しておはしますに、……（疑、二・257）

太政大臣忠平月頃悩ましく思したりつるに、天暦三年八月十四日うせさせ給ひぬ。……後の御諡《いみな》貞信公と申しけり。(3)（月の宴、153）

などのように、帝・東宮・院・后・宮・女御・摂政関白・太政大臣に用いられ、「聞えさす」は、

おりゐの帝をば三条院と聞えさす。（玉の村菊、二・188）

（娍子ハ）四月廿八日后に居させ給ひぬ。皇后宮と聞えさす。（日蔭のかづら、二・138）

式部卿の宮とは、一条院の帥の宮敦康をぞ聞えさすめる。（玉の村菊、二・189）

小一条の師尹の大臣の御女芳子、いみじううつくしくて、宣耀殿の女御と聞えさす。（月の宴、一・151）

堀河殿とぞこの摂政殿兼通をば聞えさする。今は関白殿とぞ聞えさすめる。（花山尋ぬる中納言、一・198）

などのように、院・后・宮・女御・摂政関白に用いられ、「聞ゆ」は、

六条の中務の宮具平と聞ゆるは、村上の先帝の御七の宮におはしましけり。（様々の悦、一・250）

かの冷泉院の女御超子と聞ゆるは、東三条の大将兼家の御姫君なり。（花山尋ぬる中納言、一・200）

男君達は太郎一条の摂政伊尹と聞えし、その御後殊にはかぐ〵しうも見え聞え給はず。（様々の悦、一・249）

その頃の太政大臣基経の大臣と聞えけるは、宇多の帝の御時にうせ給ひにけり。(月の宴、一・147)

(忠平ノ)五郎師尹の左大臣と聞えて、小一条といふ所に住み給ふ。(同右、一・150)

右大臣には、御はらからの一条大納言為光と聞えつる、なり給ぬ。(様々の悦、一・232)

(道長ノ子息ハ)少将・兵衛佐など聞ゆるに、……(初花、二・40)

などのように、宮・女御・摂政関白・太政大臣・大臣・大納言以下(下限ハ右ノ用例ノ「佐」(大宝令従五位上相当官))に用いられており、右に入らない「その他」の用例としては、「申す」に、

悉達太子と申して、浄飯王宮にかしづかれ給ひしに、……(音楽、三・40)

があり、「聞ゆ」に、

(太政大臣為光ノ)三の御方をば寝殿の御方と聞えて、又なうかしづき聞え給ふ。(見はてぬ夢、一・267)

仁和寺の僧正寛朝と聞ゆるは、土御門の源氏の大臣雅信の御はらからにおはす。(様々の悦、一・258)

などがある。

さて、ここで、右のそれぞれの用例数を表に示してみると、上のようになる。改めて指摘するまでもないことであるが、この表から、

(一)「申す」は、下位(相対的にみて)の大臣・大納言以下の用例がなく、

第一表

	申す	聞えさす	聞ゆ
帝	10		
東宮	1		
院	1	5	
后	2	12	
宮	6	14	7
女御	2	5	8
摂政関白	2	5	2
太政大臣	1		8
大臣			8
大納言以下			43
その他	1		8

使用範囲が上位者に偏している。

(二)「聞えさす」は、上位の帝・東宮、下位の太政大臣~大納言以下の用例がなく、使用範囲は中位者に集中している。

(三)「聞ゆ」は、上位の帝~后の用例がなく、使用範囲は下位者に偏している。

という使用範囲の差異、及び、

(四)上位の帝・東宮には専ら「申す」が用いられ、下位の大臣・大納言以下には専ら「聞ゆ」が用いられる。

という専用語の存在などの特徴を読みとることができるであろう。そこで、これらの特徴を引き起こす「申す」「聞えさす」「聞ゆ」三語間の本質的差異は何であろうかということになるが、それには、まず謙遜意の差異ということが考えられよう。が、はたしてどうであろうか。個々の用例の幾つかに徴して、もう少し検討してみよう。

右の全用例を人物中心に整理してみると、同一人物が二回以上「申す」「聞えさす」「聞ゆ」のいずれかで待遇される場合、

督の殿妍子と聞えさするは、中姫君におはします。(初花、二・48)

(妍子ハ)二月十四日に后に居させ給ひて、中宮と聞えさす。(日蔭のかづら、二・134)

元の中宮妍子をば、皇太后宮と聞えさす。(浅緑、二・247)

の妍子のように常に同一語で遇される場合と、そうでない場合とがあるが、「申す」「聞えさす」「聞ゆ」の間に謙遜意の差を認める見方からすれば、前者の場合は当然であると考えられよう。問題は、異語で遇される後者の場合である。と言っても、作者が執筆時に多数の登場人物の待遇を明確に記憶していることは至難の業であろうから、相離れた箇所に於て異語で遇されるのは、強ち理由のないものでもない。が、しかし、作者の記憶の不明

確さばかりが原因になるのではあるまい。登場人物に関わる（家運の盛衰などの）事態の変化に応ずる作者の待遇意識の変化なども考え合わさなければならないであろう。事実、栄花物語正篇中の異語で遇される人物について、このような事情が認められる場合が多いようである。二、三の場合を挙げてみよう。たとえば、道長の場合、関白になった初めの頃は、

　左大将道長天下及び百官執行といふ宣旨下りて、今は関白殿と聞えさせて、又並ぶ人なき御有様なり。（見はてぬ夢、一・288）

のように他の関白並みの「聞えさす」を用いているが、女が入内するなど家運も栄え、全盛時代になると、物語の中心人物でもあるところから、

　殿の御前道長……帝若うおはします程は摂政と申し、大人びさせ給ふ折は関白と申しておはしますに、（疑、二・257）

のように摂政関白としては破格の「申す」が用いられることになる。道長の父兼家なども、

　九条殿師輔の御三郎兼家の中納言と聞ゆる、……（月の宴、一・189）

　九条殿師輔の三郎君兼家は、この頃東三条の右大将大納言など聞ゆ。（花山尋ぬる中納言、一・198）

　（兼家ハ）太政大臣の御位をも、摂政をも、辞せさせ給ふ。なほその程は、関白などや聞えさすべからんと見えたり。（様々の悦、一・255）

のように、中納言・大納言の時には「聞ゆ」を用いているが、関白になると、「聞えさす」が用いられている。

また、源高明については、

　帝の御はらからの高明の親王と聞えさせし、……（月の宴、一・157）

のように親王の時には「聞えさす」が用いられているが、臣籍降下と共に待遇も変り、

宮の大夫と聞ゆる人、源氏の左大将高明えもいはずかしづき給ふ一人女を、……（月の宴、一・161）

源帥高明と聞えしが御おと姫君をとりて養ひ給ひしなり。（様々の悦、一・254）

のように「聞ゆ」になる。右の三人などは本人自身の官位・身分の変化によって待遇が変化した例であるが、たとえば、

かくて摂政殿道隆をば、帝一条おとなびさせ給ひぬれば、関白と聞えさす。……四の君の御方いと若うおはすれど、内の御匣殿と聞えさす。（見はてぬ夢、一・272）

故関白殿道隆の四の御方は、御匣殿とこそは聞ゆるを、……（初花、二・37）

の道隆の四君のように、父道隆の全盛時には「聞えさす」を用い、歿後には「聞ゆ」を用いるという風に、家運衰微の余波を受けて待遇が変化したと考えられる場合もある。

さて、ここで、謙遜意は「申す」が最も強く、「聞えさす」がこれに次ぎ、「聞ゆ」が三語の中では最も弱いと仮定してみると、右に示した待遇の変化は事態の変化に順行することになり（右の外の人物についても逆行する例はない）、さらに、既に第一表について指摘した㈠～㈣の特徴も充分に説明し得るのであるから、

「申す」「聞えさす」「聞ゆ」の本質的差異は謙遜意の強弱にある。

ということが確認されることになる。

正篇についての概観は右で殆ど尽されたが、なお二、三のことに触れておきたい。

まず、

天徳二年十月廿七日にぞ、九条殿の女御、后にたたせ給ふ。藤原安子と申して、今は中宮と聞えさす。（月

の宴、一・157）

であるが、同一人物に相前後して、「申す」「聞えさす」の両語を用いている。正篇全体を通してもこのような例は稀であり、精々、

ただ今の侍従の中納言といふは、九条殿師輔の十一郎公季と聞ゆる、……（見はてぬ夢、一・291）

のような「聞ゆ」「いふ」を用いている類例を見出すくらいのもので、一般には、既に引用した用例中に散見するように、相前後する場合には同一語を用いるのが通例である。随って、この二例は特異な例であると言えるが、両例とも実名を承ける方に謙遜意の強い（と考えられる）語を用いているところを見ると、あるいは、官位を呼び指すよりも実名を呼び指すことの方が畏れ多かったものであろうか。また、一方、この両例は、「申す」と「聞えさす」、「聞ゆ」と「いふ」を相前後して用いていて、「申す」と「聞ゆ」、「聞えさす」と「いふ」を相前後して用いていないところに妙味がある。即ち、「申す」に近いのは「聞えさす」であり、「いふ」に近いのは「聞ゆ」である、ということがこの両例によって示唆されていると考えることもできるのである。

右の公季の例には「聞ゆ」と共に「いふ」が用いられているが、大輔・亮・守など五位相当官以下の例が大多数である「いふ」がこのような比較的高位の者に用いられるのは稀であり、「いふ」使用の最上限の用例である次の例などは、成忠が「心ざまいとなべてならずむくつけく」ある故に謙遜意のない「いふ」が用いられたものと考えられる。

（摂政道隆ノ）北の方貴子の御父ぬし成忠、二位になさせ給へれば、高二位とぞ世にはいふめる。年老いたる人の才かぎりなきが、心ざまいとなべてならずむくつけく、……（様々の悦、一・257）

また、

五月八日のつとめて聞けば、六条の左大臣重信、桃園源中納言保光、清胤僧都といふ人など亡せぬとののしれば、……（見はてぬ夢、一・285）

の例によって、数名を連記する場合には、上方の人物（たとえば、右の例では、「聞ゆ」が用いられてよい筈の「左大臣」など）には関係なく、直上の人物（右の例では「清胤僧都」）によって用いる語（右の例では「いふ」）が決って来るということが知られる。

第二表

	申す	聞えさす	聞ゆ
帝	1		
院	5	2	
后	1	2	
宮	3	2	
女御	2	2	3
摂政関白	1		
大臣		2	
大納言以下	2	4	15
その他	1	2	4

（注）東宮・太政大臣の用例はない

二　栄花物語（続篇）

正篇に於る分類基準によって続篇の用例を分類すると、上のようになる。これを正篇の第一表と比べると、「申す」「聞えさす」「聞ゆ」に上限の差があるという点は変らないが、「申す」「聞えさす」の使用範囲が下位方向に伸び、その結果、大納言以下の類に「申す」など三語の用例が見られるようになったということは一大変化である。この変化は、正続両篇の作者・成立年代が異ることを考慮すると、寧ろ当然であるとも考えられるが、上限に現れる三語の差が下限に於ても現れてよい筈であるとも考えられる。

そこで、この大納言以下の類の用例を挙げて少し詳しく見てみよう。

「申す」の用例は、

（太政大臣師房ハ）中将と申しし折より、……（布引の滝、四・241）

（道長ノ子息ハ）高松殿明子の御腹には、春宮大夫頼宗・中宮権大夫能信・権大納言長家など申して、男三人おはしますなり。（殿上の花見、四・39）

の二例、「聞えさす」の用例は、

山の井大納言道頼と聞えさせけるなんかくありし。（蜘蛛の振舞、四・128）

（信家ヲ）山の井大納言と聞えさす。（根合、四・169）

（師通ヲ）宰相の大将と聞えさする、いとめでたし。（布引の滝、四・243）

（道家ノ）母北の方は院の典侍と聞えさせつる、今は三位にてものし給ひつるも尼になり給ひぬ。（晩待星、四・115。「典侍」は従四位相当官）

の四例、「聞ゆ」の用例は、

大納言に左衛門の督師房なり給ひぬ。源大納言ときこゆ。（歌合、四・74）

から、

左の大殿教通の御子は、三郎信長の侍従と聞えしは、……（煙の後、四・189。「侍従」は従五位下相当官）

母は故右の大殿頼宗の御子の美濃守基貞と聞えしが御女、……（紫野、四・261。「美濃守」は従五位下相当官）

に至る一五例である。

右の「申す」の用例の中、師房を「申す」で待遇するのは、中将の師房に現在の太政大臣としての師房（への待遇意識）が重畳した結果であると考えられ、他の一例の権大納言を承ける例も、道長の子息の紹介の場合であるだけに、その待遇意識は他の大納言に対する場合とは自ら異るものがあると考えなければなるまい。とすると、この「申す」と従四位を下限とする「聞えさす」と従五位下を下限とする「聞ゆ」とは、同じ大納言以下の類にありながらも、それぞれ異った相を見せているということになり、この類の「申す」「聞えさす」「聞ゆ」の用例数の比が二対四対一五であることなどと相俟って、依然として「申す」など三語の間には差異がある、ということを証する証左の一つとなる訳である。

また、続篇中、同一人物を異語で待遇するのは禎子内親王と師房の二人についてであるが、禎子内親王については、

皇太后宮妍子の（一品ノ宮）をば、春宮の一品の宮禎子と聞えさす。（歌合、四・74）

後朱雀院には、陽明門院禎子の一品の宮と申ししを参らせ奉りおかせ給ひてしかば、……（布引の滝、四・242）

のように、唯の宮の時は「聞えさす」を用い、后になられて後の用例には「申す」を用いるという変化を見せており、師房については、

左衛門の督師房と聞ゆるは、故中務の官具平の御子なり。（殿上の花見、四・57）

大納言に左衛門の督師房なり給ひぬ。源大納言ときこゆ。（歌合、四・74）

源大納言殿師房は、今は内の大殿と聞えさす。（煙の後、四・193）

（太政大臣師房ハ）中将と申しし折より、……（布引の滝、四・241）

によって知られる通り、（「中将と申しし折」を既に述べたように見ると）官位の上昇と共に「聞ゆ」→「聞えさす」→「申す」と待遇する語も変化している。

右のような考察から正篇に於る結論と同様の結論が自ら導き出されてくるであろう。即ち、続篇でもやはり「申す」「聞えさす」「聞ゆ」の間に謙遜意の差を認めてよいということになるのである。

続篇と相前後して成ったと目される讃岐典侍日記には謙遜語と確認される「聞えさす」「聞ゆ」が一例も見当

らず、その代りに「まゐらす」などが用いられているが、この事実から見て、栄花物語の正篇の書かれた頃から続篇の書かれた頃にかけて謙遜語の「聞えさす」「聞ゆ」は衰微の一途を辿っていたと考えられる。この趨勢を知らせるかのように、続篇に、

（通房ハ）ほどもなく少将にならせ給ひて、臨時祭の舞人せさせ給ふ。内大臣殿教通の三郎信長、兵衛の佐と聞えさせ給ふと舞はせ給ふ。（歌合、四・84）

のような「聞ゆ」が現れる。[4] これは後の十訓抄などに用いられている、

深く用意して、笠置ときこゆる山寺の岩屋のありけるにかくれて、（十訓抄、第一）

の「聞ゆ」などと同じく、中相の動詞で、「知レ渡ッテイル」という意味を表すものと考えられるが、このような例があるからと言って、続篇の「聞ゆ」（「聞えさす」の「聞え」も含む）を総て右のような意味に解することは、

大女院彰子をば上東門院とぞ、男などは申しける。……この院をば二条院とぞ聞えさせける。……女御代には、故民部卿殿長家の大納言忠家をば藤大納言と聞ゆる姫君に、内の大殿信長幼くより子にし奉らせ給ふぞ、立たせ給ひける。（布引の滝、四・229）

のような例があるところから言っても無理である。やはり、右の「兵衛の佐と聞えさせ給ふ」は異例と見るのがよかろう。

三　大鏡・源氏物語

大鏡・源氏物語について簡単に触れておこう。

第三表

	申す	聞えさす	聞ゆ
帝	26		
東宮	4		
院	4		
后	34		
宮	14	1	
女御	5		2
摂政関白	5	1	
太政大臣	17	1	
大臣	11	3	1
大納言以下	18	3	13
その他	14	2	3

大鏡は、栄花物語と同じく歴史物語であるところから資料となる「申す」「聞えさす」「聞ゆ」の用例が多い。今、それらを栄花物語と同様に分類してみると、上のようになる。

この表を栄花物語の第一表・第二表に比べてみてまず知られることは、「申す」の使用が、上位者の頻度が多少高いとは言え、上位から下位に亙っているということであろう。が、それは、物語が主として世継の会話から成っているという大鏡の特異性からある程度説明することができる。随って、ここでは寧ろ、「申す」と「聞えさす」「聞ゆ」との上限の差（「申す」は帝、「聞えさす」は宮、「聞ゆ」は女御）、「聞えさす」と「聞ゆ」との大納言以下の類に於る用例数の差（「聞えさす」三例、「聞ゆ」一三例）に注目し、さらに、

世間の、摂政・関白と申し、大臣・公卿ときこゆる、いにしへいまの、みなこの入道殿の御ありさまのやうにこそはおはしますらめ。（巻一）

などのように官位・身分によって待遇を異にしている用例があること、同じ大納言以下の類であっても、下限は、

（太政大臣為光ノ）男子は、いまの中宮の大夫斉信の卿とぞ申める。（巻二）

（太政大臣為光ノ）太郎は、左衛門督ときこえさせし。（巻三、「督」は従四位下相当官）

いまの伯耆守資頼ときこゆめるは、ひめ君の御ひとつばらにあらず、……（巻二、「伯耆守」は従五位下相当官）

のように、「申す」「聞えさす」「聞ゆ」でそれぞれ異っていることなどにも目を向けなければなるまい。これら

ろう。

のことを考え合わすと、大鏡の「申す」「聞えさす」「聞ゆ」についても、栄花物語で得た結論が当嵌ることにな

源氏物語では、「聞ゆ」が、

御門と聞ゆれど、只すなほに、おほやけざまの心ばへばかりにて、……（若菜下）

などの帝から、

侍従と聞ゆめりしぞこの頃頭の中将と聞ゆる。（竹河）

の侍従に至る広い範囲に用いられており（用例は六九例）、栄花物語・大鏡とは趣を異にしている。こうして「聞ゆ」が多く用いられるのに対して、「申す」「聞えさす」の用例は極端に少なく、「申す」は、

此頃藤大納言と申すなる御兄の衛門の督にてかくれ侍りにしは、物のついでなどにや、かの御うへとて聞き伝ふる事も侍らむ。（橋姫）

の一例、「聞えさす」は、

そのなかに藤壺と聞えしは、先帝の源氏にぞおはしましける。（朱雀院ガ）まだ坊と聞えさせし時参り給ひて、……（若菜上、『源氏物語大成』によれば、「聞えさせし」は別本二本に「きこえし」とある）

その頃藤壺と聞ゆるは、故左大臣殿の女御になむおはしける。（今上ガ）まだ春宮と聞えさせし時、人より先に参り給ひにしかば、……（宿木、『源氏物語大成』によれば、「聞えさせし」は河内本五本全部と別本中の二本とに「きこえし」とある）

の二例があるだけである。

まず、右の「申す」について言えば、これは、柏木の乳母弁の尼が薫に対面し、薫に関る柏木と女三宮との間

の秘密を語ろうとする際の前置の中に見られるものである。話手の弁は、この前後の文に丁寧語の「侍り」が続発されていることなどから見て、極度に緊張している風に見える。こういう場面に用いられた「申す」であるから、この「申す」には、よく引用される、

かく白く咲けるをなむ夕顔と申し侍る。（夕顔、随身→光源氏の会話文）

の「申す」に認められるような丁寧語的な要素がその中に含まれていると考えることもでき、もっと気楽な場面であったなら、

その頃按察の大納言と聞ゆるは、故致仕のおとどの次郎なり。（紅梅）

などのように「聞ゆ」が用いられたであろうと考えられる。

右の「聞えさす」二例は、異本間に異同が見られるものの、注目される例である。両例とも傍点を付した「聞ゆ」に先行されており、同一条件下に用いられているが、「聞ゆ」の用いられている藤壺と「聞えさす」の用いられている東宮とを比較すると、前者の身分が低く、後者の身分が高いということになる。この、身分の低い藤壺に「聞ゆ」を用い、身分の高い東宮に「聞えさす」を用いているということから、あるいは「聞えさす」「聞ゆ」の差異を汲み取ることができるのではなかろうか。こういうような格差による使い分けは、

女御更衣といへど、とある筋かかる方につけて、かたはなる人もあり、……。御門と聞ゆれど、只すなほに、おほやけざまの心ばへばかりにて、（若菜下）

の「いふ」と「聞ゆ」など、外にも類例を求めることができるのであるが、何分にも「聞えさす」の用例が少ないため結論を出すことは難しい。

結

栄花物語（正・続篇）・大鏡・源氏物語に用いられている官位・身分・人名を承ける「申す」「聞えさす」「聞ゆ」を資料とし、右のような考察を加えた結果、次のような結論を得た。

一、栄花物語（正・続篇）に於る謙遜語「申す」「聞えさす」「聞ゆ」の本質的差異は謙遜意の強弱にある。但し、謙遜意は、「申す」が最も強く、「聞えさす」がこれに次ぎ、「聞ゆ」が最も弱い。

二、大鏡に於ても栄花物語（正・続篇）と同様のことが認められる。

三、源氏物語に於ては、資料となる用例が少ないため論定することはできないが、「聞えさす」が「聞ゆ」より謙遜意が強いということを示唆していると見られる用例がある。

右の結論は謙遜語の「申す」「聞えさす」「聞ゆ」の用例のうちの限られた一部から得たものであり、この結論が普遍性を有するものであるか否かは後考に俟つところが大きい。

注

（1）たとえば、和田利政先生「源氏物話の謙遜語―補助動詞『奉る』と『聞ゆ』について―」（『日本文学論究』昭和二十七年七月）・「源氏物語の『申す』」（『国学院雑誌』昭和三十一年七月）、土井忠生博士「源氏物語における『聞ゆ』の謙譲表現に関する一考察」（『広島大学紀要』昭和三十三年九月）、穐田定樹氏「『申す』と『聞ゆ』」（『国語国文』昭和三十七年十一月）など。

（2）「聞えさす」が「聞ゆ」より謙遜意が強いとされることが多い（たとえば、湯沢幸吉郎博士『文語文法詳説』など）が、論証がないため、これには異論もある（たとえば、堀内武雄氏「『聞ゆ』及びその類語の発生と展開」〈『国文学』五巻二号、学燈社刊所収〉など）。

（3）この例のように人名を承けるものは、その時の官位・身分によって分類した。

（4）類例は、大鏡に、

このおとゞ、忠平のおとゞの五郎、小一条のおとゞときこえさせ給めり。（巻一）

の一例があり、後の十訓抄・平家物語（覚一本系の諸本）・増鏡などにも数例見えている。

（『文学・語学』三三号、昭和三十九〈一九六四〉年六月）

第五章　中世の敬語

――受益敬語について――

一

現代語の敬語の中に、利益の授受を表すもののあることは、周知の事実であるが、その中の一態として、利益を受ける意を表す受益敬語がある。それは、たとえば、

入って下さい。（志賀直哉・暗夜行路）

お乗り下さい。（同右・焚火）

出しておくれ。（同右・暗夜行路）

などのような形のものであるが、これらは、それぞれ、「入ってくれ」、「乗ってくれ」、「出してくれ」の敬語表現であり、「入れ」、「乗れ」、「出せ」の敬語表現である、

お入りなさい。

お乗りなさい。

お出しなさい。

とは、利益授受の有無の点で、大いに異っている。

現代語では、このように、利益授受の有無の区別を言語の形式の上に反映させるのがきまりになっているのであるが、たとえば、平安時代中期に成立した源氏物語では、

○いで、君も書い給へ。（若紫。光源氏が若紫にいう詞）

　さあ、あなたもお書きなさい。（松尾聰氏『全釈源氏物語』）

○まことに迹を垂れ給ふ神ならば、助け給へ。（明石。光源氏が住吉の神に祈る詞）

　まことに仏が迹を垂れ給う神ならば、お助け下さいまし。（松尾聰氏『全釈源氏物語』）

などのように、利益の授受の有無の区別を形式の上に反映させないで、共に「給ふ」で表現しているのである。それでは一体、どの時代にこの受益敬語と非受益敬語との区別を形式の上で区別し始めるのであろうか。本章は、この受益敬語の表現形式の成立とその展開を国語史的な観点から明らかにしようとするものである。資料としては、平家物語を中心にして、受益敬語の補助動詞的用法のものに主眼を置き、特に相手の或る動作・状態の実現を希求《けぐ》する希求表現について、考察を加えることにした。

二

源氏物語の補助動詞「給ふ」の用例を右にあげたが、古典語には、この「給ふ」の他に、「給ふ」から転成したとされる、もう一つの尊敬語「たぶ」がある。

1数々辞備申多夫仁依弓受賜多婆受成尓志事毛悔止念賀故仁、（続日本紀宣命・第二六詔）

この語は、右のように、上代から既に用例が見られるものであるが、中古以後にもその用例を見出すことがで

きる。尤も、源氏物語などのような、女性の手になる作品には殆ど姿を見せないので、あまり親しみのある語ではないかもしれない。が、しかし、たとえば、

2家に少し残りたりける物どもは、龍の玉を取らぬ者どもにたびつ。（竹取物語）

3この人々、ある時は竹取を呼び出でて、「娘を吾にたべ」と、ふし拝み、手をすりのたまへど、（同右）

4ふなぎみのからくひねりいだして、よしとおもへることを、ゑじもこそしたべ。（土左日記）

5もし金《かね》給はぬ物ならば、（私ニ）かの衣の質返したべ。（竹取物語）

6御みづからも、きよき御ぞたてまつり、かぎりなくきよまはらせ給て、僧にたぶものどもは、先御前にとりすゑさせてをかせ給てのちに、つかはしける。（大鏡・巻二・頼忠）

7ものすこしめぐみ給らん、と申さんには、（私ニ）少々のものはたばじやは。（同右・五・藤氏物語）

8このおきなどもはおぼえたぶや。（同右・一・序）

9「たれぞ」とゝひたまひければ、御なのりし給て、「（私ヲ）頭になしたびたれば、まいりて侍るなり」とあるに、（同右・三・伊尹）

などのように、平安時代初期から末期にかけても用例の見られるところを見ると、実際には、かなりの頻度で用いられていたものにちがいないと思われる。

ところで、右の用例2〜9を、その各の意味用法によって分類すると、

(I)用例2・6……（オ与エニナル）　非受益敬語 ｝独立動詞
(II)用例3・7……（下サル　　　）　受益敬語

(Ⅲ)用例4・8……（オ――ナサル）非受益敬語 ⎫
(Ⅳ)用例5・9……（――テ下サル）受益敬語 ⎭ 補助動詞

のようになって、周知の尊敬語「給ふ」の意味用法と全く同じものであることが知られるが、鎌倉時代になると、事情が少々異ってくるようである。

たとえば、十三世紀中頃に成立したと考えられている延慶本平家物語などについて、この「たぶ」を検すると、

10「イシウモ仕リタリ。サレバコソ汝ヲバ遣シツレ」トテ、勧賞ニ所領ヲ（侍従ニ）賜《タビ》テケリ。(1)（延・巻二中・八六八頁）

11次日、又、兵衛佐ノ館へ向テ候シカバ、金ツバノ太刀ニ九指タル篦矢一腰（私ニ）タビテ候キ。（延・四・六八五）

12サテ、西光ヲニラマヘテ宣ケルハ、「……アレ程ノ奴原ヲ召上テ、ナサルマジキ官職ヲナシタビテ、召仕ハセ給之間、……」ト宣ケレバ、（延・一末・二四二）

などのような用例があって、右の(Ⅰ)(Ⅱ)(Ⅲ)の意味用法（用例10・11・12がそれぞれ(Ⅰ)・(Ⅱ)・(Ⅲ)に該当する）の「たぶ」を見出すことができるが、ただ(Ⅳ)の意味用法の用例だけは見当らない。しかし、なおよく用例を検すると、この(Ⅳ)の意味用法の「たぶ」がなくなった訳ではなく、

13今度殿下ノ寿命助テタベ。（延・一本・一四九）

14シタ、カナラム者ニ楯突セテタベ。（延・二末・一〇三）

15子共ノ後見シテ、義忠ガ後世ヲ訪テタベ。（延・二末・一一八。話手・佐奈田与一→聞手・母と妻）

16岡崎殿、其弥太郎女ガ頸打落シテタベ。（延・二末・一五三）

17思出テハ念仏申テ、後世訪テタベ。（延・四・六七三。左中将平清経→思ひ人）
18一日三時ノ患アリ。助テタベ。（延・六末・六四二）

などのような、上接の語と「たぶ」との間に接続助詞「て」を介在させた「てたぶ」という新しい形が、それまでの(Ⅳ)の「たぶ」に替って、この意味用法を分担していることが知られるのである。

勿論、この「てたぶ」の形は、この延慶本平家物語に限ったものではなく、その他の諸本にも、たとえば、

19子共の後見して義忠が後生をも弔ひてたべ。（国書・長・一〇・三四六下）
20ゆんでのかいなをいさせて候。やぬいてたべ。（国会・百・九・九四）
21かきをきたる文をば都へつたへてたべ。（覚・九・二三〇）
22此の舟に乗せて、せめて九国の地までつけてたべ。（葉・三・一九四）

などのような用例が見られるし、他の鎌倉時代の資料にも、

23勝申ナバ、不レ可レ有二他事一。戒壇ヲ築テ給べ。（古事談・第三・僧行）
24故人ノオコシタラム邪執ヲヤブリテ給べ。（続古事談・第二・臣節）
25サラバ一向ニ世ノマツリゴトヲシテタべ。（愚管抄・巻二）
26この馬のくち引きてたべ。（宇治拾遺物語・巻一四・第一話）
27只何様《ヤウ》ニモ供養シ、開眼シテタべ。（沙石集・巻六）

など、用例が多いが、その場合、

28三歳ガ命ヲ延テタバン事、幸ヒデサムラウ。（慶・百・一・六二。「テタバン」は、国立国会図書館蔵百二十句本には「給はらん」とある）

などのような例外的な一、二の用例は別として、「てたぶ」が殆ど総て希求表現に用いられていることが注目される。

さて、前掲の通り、平安時代末期一〇八五年頃に成立したと目される大鏡では、(Ⅳ)の意味用法の敬語としては「たぶ」が用いられていたのであるが、鎌倉時代初期一二一五年頃に成立した古事談では、右の用例23のように「てたぶ」が用いられている。したがって、この間に、表現形式が「たぶ」から「てたぶ」へ変化したことになる訳であるが、この一世紀ほどの間のどの頃にこの変化が生じたのであろうか。まず、この点について考えてみることにする。

三

鎌倉時代から用例が多く見られるようになるこの「てたべ」と同じ形で、最古の例は、平安時代末期一一一〇年頃に成立したとされる讃岐典侍日記に見られる次の例であろうと思われる。

29（堀河帝ガ）大臣殿をめし、「院に申せ、『一年の心地にも、さもと仰られし行尊めしてたべ』」と申させ給へれば、（上）

さて、この用例の「たべ」は、補助動詞と見られて、

あの行尊をお召し下さい。（玉井幸助氏『讃岐典侍日記全註解』四〇頁）

のように訳されるが、しかし、それに賛同することは、少々躊躇される。その主たる理由は、「て」に上接する語が尊敬語「めし」であるということである。既に示した用例13〜27からも知られる通り、この用例29の他には、

「てたべ」に尊敬語が上接している用例がないのであるから、もしこの用例29を「てたべ」の用例と見るとすれば、唯一の例外として認めなければならなくなるのである。そこで、できるだけ、この例外を避けることを考えてみなければならない訳である。

ところで、源氏物語には、これと同じような用例、

30（薫ガ）法師ばら、尼君の下衆どもの料にとて、布などいふ物をさへ、めしてたぶ。（宿木）

があるが、この用例の「たぶ」は、たとえば、

布などというものまでお取り寄せになって、下さる。（玉上琢弥氏『源氏物語評釈』）

などのように、訳の如何はさて措き、独立動詞として訳されるものである。そこで、右の用例29の「たべ」も、

行尊をお呼びになつて、こちらにおよこし下さい。

などのように、独立動詞として考えるのがよいように思われる。この意味の「たべ」なら、

31（福原ニイル清盛カラ）門脇の宰相の許へ、「存る旨あり。丹波少将いそぎ是へたべ」との給ひつかはされたりければ、（覚・二・一八三。石田吉貞氏『平家物語』（現代語訳日本古典全集）は、この「たべ」を「およこし下さい」と訳しておられる）

のような類例を見出すこともでき、格別に無理なものであるとは言えないようである。

さて、そこで次に、「てたべ」の用例として、

32高き佐を求め、重き財《たから》を求めばこそあらめ、ただ今日食べて、命生くばかりの物を求べてたべ。（古本説話集・第五三話）

があげられることになる。この用例も、右の用例29の「めしてたべ」と同様に、「たべ」を独立動詞と考えるこ

ともできそうであるが、この同じ古本説話集に、

33果物、飯《おもの》、酒、菜《あはせ》どもなど、おほらかにしてくれよ。（第五六話。留志長者→妻）

のような「てくれよ」の用例があって、それが、宇治拾遺物語に収める同一説話では、

34飯《いひ》、酒、くだもの共など、おほらかにしてたべ。（巻六・第三話）

となっているところを見ると、「てくれよ」の尊敬表現としての「てたべ」がこの古本説話集にあっても、不自然ではないと考えられる。ただ、残念なことに、この古本説話集の成立が、大治年間～建仁年間（一一二六年～一二〇四年）と推定されるぐらいが精々で、それ以上は明らかでないことである。

かくして、仁平四（一一五四）年頃のものと推定される源為義の書状が注目されることになる。

35御文こまかにみ候ぬ。何事もひたぶるに、たのみまいらせて候也。さては、おもひかけぬ事にかゝりて候。そのいのりしてたぶべし。又、女院にいとほしき物におぼしめせといのらせをはしますべし。ゐんへまいらんとおもひ候。まいるばかりいのりてたびおはしませ。何事も〳〵よく〳〵いのりしてたぶべく候。あなかしく。（平安遺文・四七一七）

ここには、希求の意を表す「べし」と共に用いられた「てたぶべし」「てたぶべく候」と、尊敬語の命令形「おはしませ」と重ね用いられた「てたびおはしませ」とがあるが、[2]これらの中の「たぶ」はいずれも補助動詞として用いられているものであり、ここに、鎌倉時代以後に多用される受益敬語「てたぶ」の最初の確実な例を見ることができるのである。

こうして、物品の具体的な授受についての受益敬語である独立動詞「たぶ」がその具体性を失って、ただ抽象的な利益授受を表すのみの敬語補助動詞へと転性して行った結果、接続助詞「て」を介在させる、受益表現独特

の形態「てたぶ」を成立させるに至ったのである。

四

受益敬語「てたぶ」は、このようにして、遅くとも十二世紀の中頃には成立したのであるが、その後しばらくの間は、

36をのくちのにしのはし、一たんばかりゆるしたべ。（尊経閣所蔵・保元三年・某譲状。平安遺文・二九一四）

37此の着たる紺の狩襖にむすめ換へたべ。（梁塵秘抄・四七三番）

38蓑、笠しばし貸したべ。（無名抄）

などに見られる受益敬語「たぶ」の希求表現と併存しながら、その強調表現としての役割を果していたのが、この「たぶ」が衰微するにしたがって、強調表現から非強調表現へと変化し、定着して行ったものと考えられる。そして、その一方では、この「てたぶ」が殆ど総て希求表現として用いられるということから、希求する相手の身分や、その場の状況などの変化に応じるために、種々の形態を生み出して行ったもののようである。

さて、それらの種々の形態の中で、前掲の用例35の「てたびおはしませ」に次いで資料的に早そうに思われるものに、丁寧語「候ふ」を添えた希求形「てたび候へ」がある。

39是ヲ御身近ク置セ給テ、御覧ゼム毎㆓度㆒念仏申サセ給テ、後世ヲ訪テタビ候へ。（延・五末・二一八。平重衡→法然上人）

40本鳥ヲ切テ是剃下シテタビ候へ。（延・六末・六六三。平宗実→春乗上人）

41只今終ル手負ノ為ニ、一日経書テ訪テタビ候へ。（屋・一一・七六四。義経→僧）
42や、おつぼね、この瘡《かさ》見てたび候へ。（古今著聞集・巻一六）
43女房ドモガ許へ、カク申ヨシ伝ヘテタビ候へ。（沙石集・巻五末）
また、「てたぶ」に二重敬語「せ給ふ」を添えた希求形「てたばせ給へ」も、この「てたび候へ」と相前後して用いられ始めたのではないかと考えられる。
44此御経計都近キ八幡鳥羽ノ辺ニモ置テタバセ給へ。（延・一末・四二四。崇徳院→御室）
45今生にて、あかで別れしつまを、今一度逢せてたばせ給へ。（国書・長・一七・六二五下。横笛→虚空蔵菩薩）
46王城ノ鎮守、諸大明神、殊ニハ熊野権現、必ズ都へ伝ヘテタバセ給へ。（屋・二・一九二。康頼→熊野権現など）
さらに、屋代本平家物語などには、次のような「てたび給へ」の用例がある。
47只我ヲ此船ニ乗テ九国ノ地ニ付テタビ給へ。（屋・三・二三〇。俊寛→成経）
48此ノ様ハ龍畜経ニ見ヘテ候ゾ。其レヲ能々見給テ、後世訪ヒテタビ給へ。（屋・一二・九五一。二位尼→建礼門院）
49御覧ゼン度ビニ、重衡ガ縁《ユカリ》ト思召出シテ、後世訪テタビ玉へ。（慶応・百・一〇・五七九。重衡→法然上人）
なお、この形に関するものとしては、延慶本平家物語に、
50（六代ノ母ガ）只思フ心計ヲコマ〴〵ト書給テ、斎藤六ニタビ給ヘバ、ヤガテ走帰ニケリ。（延・六末・五五二）
のような、独立動詞「たぶ」に「給ふ」のついた「たび給ふ」の形が一例見られるだけで、長門本平家物語には、この形も、「てたび給ふ」の形も用例が見られない。あるいは、この両本の成立時代には、まだ「てたび給へ」の形は成立していず、その後、屋代本平家物語の成立するまでに現れたものではないかとも考えられる。(3)

さて、右の三つの形が「てたぶ」の系列のものであるが、それらの表す敬意は、「てたべ」、「てたび候へ」、「てたび給へ」、「てたばせ給へ」の順に高くなっている。それは、「てたべ」の用例15・17、「てたび候へ」の用例39～41、「てたび給へ」の用例48、「てたばせ給へ」の用例45・46の希求の相手が、それぞれ、母と妻・思ひ人、僧侶、建礼門院、菩薩・神であることから考えても、思い及ぶところであろう。

五

鎌倉時代には、右の「たぶ」や「給ふ」などの他に、いわゆる謙遜語から尊敬語に転性した「給はる」が用いられるようになっていて、延慶本平家物語などにも、

51鳥羽禅定法皇、叡感ニ堪サセ御座ズ、忠盛ニ但馬国ヲ給ル。（延・一本・一八）

52忠盛ガ仕リ様思慮深シ、弓矢取者ハ優ナリケリトテ、（白河院ガ）其勧賞ニ任孕ル女ヲ忠盛ニ給ハリニケリ。（延・三本・三六四）

53兵衛佐、景廉を召返して、白金のひる巻したる小長刀を手づから取出して、是を給はる。（国書・長・一〇・三四一下）

54其時景季思ひけるは、同じ侍にて景季が先に申たるには（頼朝ハ）給らで、佐々木にたびたりけるこそいこんなれ。（国書・長・一六・五五一下）

55天智天皇ノ御時、孕ミ給ヘル女御ヲ大職冠ニ給ハルトテ、（屋・六・四六六）

のような用例が見られるが、これらの尊敬語「給はる」は、地の文や心理描写の文に用いられている右の用例51

〜55などの動作主体が、帝・院・頼朝に集中する点などから考えて、他の尊敬語「給ふ」「たぶ」に比べて、敬意が高いものと判断される。

ところで、この尊敬語「給はる」がやはり「て給はり候へ」の形で受益敬語として用いられる。但し、延慶本には、

56梶原、判官ニ申ケルハ、「今日ノ先陣ヲバ侍ノ中ニ給候へ」(4)ト申セバ、（屋・一一・七八二）

と同じ独立動詞と考えられる、

57御文ヲアソバシテ給候へ。侍従ニトラセ候ワム。（延・五本・一六四。乳母→平通盛）

が一例あるだけで、補助動詞として用いられた「て給はり候へ」の確実な用例はない。長門本には、この延慶本と同じく独立動詞の用法のものとも見ることのできる用例、

58只今俄内より召あり。「何事ぞ」と承ば、当座の御会と申也。基通天性の遅口也。少々読てたまはり候へ。（国高・長・一・五三オ。藤原基通→清盛女。「てたまはり候へ」は、赤間神社蔵本には「て給候へ」とある）

の他に、補助動詞としての用法と見られる、

59此おびたゝしきすがたを、もとの形になして給はり候へ。（国書・長・二・五六下。前関白師実→春日大明神）

がある。この「て給はり候へ」は、その他にも、

60ソレマデ此太刀持下テ給候へ。（屋・剣巻上・一〇〇六。頼朝→庇護者）

61可然ハ熱田ノ社ニ進置テ給候へ。（屋・同右）

62一二ノ草摺カ、一ノ板共、二ノ板共、矢ツボヲ定テ給候へ。（半井本保元物語・中。為朝→義朝）

63御てゝがけうやうして給はり候へ。（金沢文庫古文書・第四輯・二八〇一。元亨四年、吉田兼好の母、尼随了の書

　と推定されるもの）

などの用例があるが、それらの用例の希求の相手などから見て、その表す敬意は、「てたばせ給へ」の表す敬意よりは低いものであったと考えられる。

延慶本平家物語には、右に述べた通り、「て給はり候へ」の確実な用例はないのではあるが、「て給はる」に希求の意を表す「べし」を添えた「て給はるべし」という形が用いられている。

64金ヲ二千三百両妙典ニ賜テ、宣ケルハ、「……残二千両ヲバ大王ニ献リテ、『彼寺へ供田ヲ寄テ給ハルベシ』
　と奏ヨ」トテ、（延・二本・五八四。重盛→大唐の大王）

この部分は、源平盛衰記には、

65『……重盛が菩提を弔うて給はるべし』と申す可し、とて、（巻一一）

とあり、延慶本と同じ形の希求表現になっているが、用例が少ないので、敬意の高さは判然としない。ただ、命令形を用いないだけに、あるいは「て給はり候へ」より敬意が高いのではないかとも思われる。

「給はる」には、この他に、希求表現として、

66誠ニ十禅師権現ノ御託宣ニテ候ハヾ、我等記シヲ奉ラム。本ノ主へ返給ハレ。（屋・二・一〇三）

があるが、これは、「返（シテ）給ハレ」ではなく、前掲の用例5や、

67若う盛なる人の行末遠きをば、返したべ。（栄花物語・もとのしづく）

などのような「返したべ」の尊敬語「たべ」を敬意の高い尊敬語「給はれ」に置き換えたものであろう。この他にも、鎌倉時代には「て給はれ」の確実な用例を見ないので、南北朝時代末期の、

68御文細々アソバシテ、都ノ使ニ付、相知ルカタへ遣シテ給ハレ、トゾ被レ仰ケル。（西源院本太平記・巻四）

などの用例があるいはその早い例ではなかろうか、と思われる。

六

平安時代末期から鎌倉時代中期頃にかけての百年ほどの間に、受益敬語の希求表現の形が右のように数多く現れたのであるが、今、その大凡の出現順によって整理すると次のようになる。

(1)　てたべ（てたぶべし）
(2)　てたびおはしませ
(3)　てたび候へ
(4)　てたばせ給へ
(5)　てたび給へ
(一)　て給はり候へ（て給はるべし）
さて、こうして成立した形は、その後に成立したと考えられる、前掲の用例68などの、
(二)　て給はれ
の形を含めて、あるいは話しことばとして、あるいは書きことばとして、相当に長い間用いられたようである。
(1)其船寄テタベ。便船中サン。（西源院本太平記・巻二）
(3)御辺我敵ヲ打テタビ候へ。（同右・巻一五）
(4)八大龍王、其舟こなたへけ返てたばせ給へ。（神田本太平記・巻二）

(5)松寿ヲ人トナシ、心ツキナバ僧ニナシテ、我後生ヲ問ハセテタビ給へ。（西源院本太平記・巻九）
(一)申置ケル由ヲ伝テ給ハリ候へ。（同右・巻二〇）
(二)御文細々アソバシテ、都ノ使ニ付、相知ルカタへ遣シテ給ハレ、トゾ被レ仰ケル。（同右・巻四）
(1)わが黒髪を切りてたべ。（御伽草子・酒呑童子）
(3)われ空しくなり候はゞ、天女の君に、かくと伝へてたび候へ。（同右・猿源氏草紙）
(5)後世をばとふてたび給へ。（同右・酒呑童子）
(一)御なさけに、御伝へ有りて給はり候へかし。（同右・御曹子島渡）
(二)自らにはとゞめをさして給はれ。（同右・酒呑童子）

しかし、実際の話しことばでは、最も遅く成立した「て給はれ」の形が、

69天下ノ治タハ、神明ノ徳ヂヤト申ゾ。カウアラセテ給ハレト云事デハ無ゾ。（毛詩抄・一・一四オ）
70さてこのたびの、とんせいをば、おとまりありてたまわれの。（せつきやうかるかや）
71をちよならば、おてうまで。をもどりあつてたまはれの。（さんせう太夫）
72そと喰ひつゐてたまふれなう、歯がたのあれば顕るる。（閑吟集）
73かた時もはやうつれていてたもれ。（大蔵虎清本狂言・猿座頭）
74これ手を合す、たつた一言聞いてたも。（近松・冥途の飛脚・上）

などのように、次第に頻用されるようになり、その転訛した、

のような形が生じて来たと考えられる。そして、その一方では、

75桃花ガソナタニ御座アルヨシ、聞キマイラスルホドニ、クダサレヨト云テ乞タゾ。（山谷詩抄・九・一六ウ）

のような「くださる」が補助動詞として、

76一句の御道理をも、御授けあつて下され候へ。（御伽草子・猫のさうし）

77憚りながら、療治して下されい。（天草本イソホ物語）

のように用いられるようになり、やがて、今日と同じ「て下さい」の形が成立することになるのである。

本章では、右の通り、受益敬語の希求表現を中心に、その成立と展開とについて述べてみた。ここで扱った範囲は、受益敬語というまことに狭い範囲ではあるが、今日の語法に直接につらなる「てたぶ」という新しい形が院政時代から現れるという事実は、国語史上の中世を院政時代からとする主張に、一つの根拠を提供することになるであろうと思う次第である。

注

（1）出典が平家物語である場合は、次のような略称を用いることにした。

（延）……古典研究会刊・延慶本平家物語

（国書・長）……国書刊行会刊・長門本平家物語

（国高・長）……国学院高等学校蔵・長門本平家物語

（屋）……角川書店刊・屋代本平家物語

（慶応・百）……汲古書院刊・慶応大学蔵・百二十句本平家物語

（国会・百）……古典文庫刊・国立国会図書館蔵・百二十句本平家物語

（覚）……日本古典文学大系・覚一本平家物語

（葉）……日本古典全書・葉子十行本平家物語

右の他の作品は、日本古典文学大系に収められているものは、それにより、他は、新訂増補国史大系本などによったが、いずれの場合にも、送り仮名・仮名遣いは資料のままとした。

（2）この「てたびおはしませ」のように尊敬語の補助動詞が直接に重なり合うことは、源氏物語の語法などからいえば破格であるが、希求表現で、しかも受益態を表現するものであるという条件が、このような形を生み出したものと考えられる。

（3）単純構成の形容詞に接頭辞「御」を冠した例は、延慶本にはないが、屋代本には、

御恋シ（巻一〇・六六八頁、巻一〇・七一七頁、巻一二・九一六頁、剣巻下・一〇三三頁）

御イタハシ（巻一〇・七二五頁）

があるなど、屋代本には延慶本より新しい語法がこの他にも見られる。

（4）「たぶ」は一般に仮名書きされるということや、用例58のように、一本に「て給候へ」とあるものが他本には「てたまはり候へ」とあることなどから、「給候へ」は、「給はり候へ」と読むのがよいと考えられる。

（『国学院雑誌』七二巻一一号、昭和四十六〈一九七一〉年十一月）

第六章　「御導師遅く参りければ」の解釈をめぐって

古典を解釈する際に、今日的な感覚で臨むと誤りを犯すことがしばしばあるのであるが、本章でとりあげる「御導師遅く参りければ」の場合も、そういう場合の一つであるように思われる。そこで、それをめぐって少々のことを述べてみたいと思う。

一

本章の題目として掲げた「御導師遅く参りければ」は、実は、

1灌仏ゐて奉りて、御導師遅く参りければ、日暮れて御方々より童べ出し、布施など、おほやけざまに変らず、心々にし給へり。（源氏物語、藤裏葉）

のように、源氏物語の中に見られるものであるが、当該部分の解釈、就中「遅く参り」の部分の解釈が問題になるのである。

尤も、この当該部分についての、現今流布の注釈書等の現代語訳は、

御導師がおくれて参上したので、（玉上琢弥氏『源氏物語評釈』）

に代表されるような訳になっていて、今日的な感覚から言えば、特にとりたてて問題にしなければならないもののようには思われないのであるが、しかし、このような今日的感覚も、ひとたび次のような例にめぐりあう時には、一考を余儀なくさせられることになる。

2雪の御幸に遅く参りければ、頻に遅き由御使を賜はりて、つかうまつれる（金葉集、冬・三〇八詞書）[1]

3大納言遅く参りければ、御使して遅き由をたびたび仰せられ遣はす。……立ちゐ待たせ給ふ程に参り給へれば、（古本説話集、第二）

一見して知られる通り、この両例には、ともに右の源氏物語の例と全く同じ「遅く参りければ」という表現が用いられているのであるが、これはどうであろうか。まず、とにかく、この両例に、右に示した源氏物語の「遅く参りければ」の現代語訳をそのまま当てはめてみる。すると、

(2)雪見の御幸に遅れて参上したので（ところ）、頻に遅いという由の促しのお使をいただいて、それでお作りした歌

(3)大納言が遅れて参上したので、お使を使って遅いということを度々お言い遣わしになる。……立ったり坐ったりしてお待ちになるうちに大納言が参上なさったので、

のようになるのであるが、これによると、(2)は、「遅れて参上したので（ところ）」参上を促すお使をいただいた、ということになり、(3)は、「遅れて参上したので」参上を促すお使をお遣わしになった、ということになる。しかし、これでは、遅れはしたが参上したのに、その上に参上を促すお使をいただく（お遣わしになる）ということになって、結局のところ、接続助詞「ので」（2・3の「ば」）の上下の意味的結合に矛盾が生じることになる

のである。

さて、この矛盾を放置しておくわけにはいかないので、そこで、この矛盾を何とかして解消する努力をしなければならなくなるのであるが、この右の用例3の「遅く参りければ」について、川口久雄氏が「古文に多いいわゆる結果的表現(2)」と説明を加えられたのは、実は、この矛盾を解消しようとする一つの試みであったものと解される。ところで、この川口氏の加えられた説明は、理に叶ったものであろうか。

二

古典の表現の中には、たしかに、この結果的表現ということばを用いて説明すれば都合よく説明のつく表現がある。

たとえば、源氏物語須磨巻で、光源氏が須磨に向けて出発するくだりのところに、

4三月廿日あまりの程になむ都離れ給ひける。人に今としも知らせ給はず、ただいと近う仕うまつり馴れたるかぎり、七八人ばかり御供にて、いとかすかにて出で立ち給ふ。

という記述がある。この、「都離れ給ひける。……出で立ち給ふ」とある書き振りから見れば、その次に須磨に向う路次の話でも続きそうなものであるが、実際には、右の記述の後に、

5二三日かねて、おほい殿に、よに隠れて渡り給へり。

とあり、その後に、出発以前の話が長々と続くのである。そこで、この「都離れ給ひける」について、湖月抄は、

6只今京を出給ふにてはなし。先、あらましに書也。(四丁表、傍注)

と注することになるのであるが、これなどは、結果を先に書き記したという意味で、あるいは、結果的表現と呼ぶに相応しいもののようにも思われる。

尤も、右の用例3においても、後に「参り給へれば」（傍点部）とあるところから見て、参上の催促を受けた当の大納言が遅れて参上したことは明らかであるので、そうなる結果を先に書いたものと解して、この須磨の場合と同じように、結果的表現であるということができそうである。だが、しかし、これはどうも疑わしく思われる。たとえば、次のような例はどうであろう。

7この児の遊びに出でていぬるが遅く帰りければ、あやしと思ひて、出でて見れば、足かた、うしろの方から踏みて行きたるにそひて、大きなる犬の足かたありて、それよりこの児の足かた見えず。……山の方に行きてみれば、岩やの口に、この児を喰ひ殺して、（虎ガ）腹をねぶりてふせり。（宇治拾遺物語、一二・二〇。遣唐使の子虎に食はるる事）

この例の「遅く帰りければ」は、用例3（及び用例2）の「遅く参りければ」と比べて、動詞「参り」が動詞「帰り」に置き換っているだけで、語句の構造上の本質的な差異はない。しかし、この用例7は、用例3とは趣が全く異って、「遅く帰りければ」とあるものの、その当の児は虎に喰われて死んでいたのであるから、結果としては、帰って来なかったのである。そこで、この「遅く帰りければ」については、結果的表現であるといって済ませることは、全く不可能ということになる。このように、同類の二つの表現でありながら一方が結果的表現という説明の適用を全く不可能にするものである以上、十分な考察を加えた上でなければ、他の一方を結果的表現ということで済ませることは適当でない、ということになるはずである。

ところで、右の用例3の「遅く参りければ」を結果的表現と説明したくなるのは、何故であろうか。なるほど、一つには、後に当の大納言について「参り給へれば」とあるところから、それを前もって書いたものと考えるからであろう。が、しかし、もう一方から考えると、この「遅く参りければ」を、

遅く参りければ、

のように、いわゆる文節単位に分けて、連用修飾語─被修飾語の関係で把え、さらに、その被修飾語の「参りければ」を「参り－けれ－ば」と分析して「参上し－た－ので」と解し、その「参上し－た」が参上したという(伝承された)事実を表しているもののように考えるからでもあるように思われる。この把え方は、たとえば、

おほく食ひけり。(徒然草)
懇ろに洗ひけり。(同右)
いと尊かりけり。(同右)
涙をながしけり。(同右)
事故なかりけり。(同右)

などのように、普通に行われることであり、その場合、結果として何の不都合も来たさないところから、一般には、何の問題も表面化して来ないものである。したがって、これをこの場合に用いたくなるのも道理であるのだが、しかし、この用例7の「遅く帰りければ」を、この普通の把え方に従って、

遅く帰りければ、

と把えて、その被修飾語の中の「帰りけれ」が帰って来たという(伝承された)事実を表しているもののように考えるとすれば、右に述べた通りの、当の児が虎に喰われて死んでいて帰って来なかったという(伝承された)真実に反することになるのである。そこで、文節単位のこの把え方はこの場合には(あるいは、この他の場合に

も）不適当なものということになり、別の把え方が採り入れられなければならなくなるのである。

三

さて、右のようになってくると、結局、語単位の把え方をすることになるのであるが、その際、言語の有する時間的線条性など種々の条件を勘案して、

遅く帰りければ、

のように把えるのがよいように思われる。この把え方では、右の図の矢印の結合によって知られる通り、まず最初に「遅く－参り（る）」の結合を考え、次にその結合したものを「けれ（り）」で承けるものとし、それを更に「ば」で承けるものと考えることになるのであるが、この把え方に立てば、その当の児が結局は帰って来なかったということを考慮に入れて、「遅く帰りければ」全体を、

帰って来るはずの時刻になっても帰って来なかっ－た－ので、

のように解することができることになるのである。つまり、「遅く帰る」の意味を「帰って来るはずの時刻になっても帰って来ない」というように解することになるのであるが、これは、

8夜明ヌレバ、介、朝遅ク起クレバ、郎等粥ヲ食セムトテ其由ヲ告ゲニ寄テ見レバ、（介は）血肉ニテ死テ臥タリ。（今昔物語集、二五・四）

のような（「遅ク起クレバ」とあるものの、当の介は、「死テ臥タリ」とあるところから見て、結局のところ起きて来な

かったと考えられる）全く同趣の類例がある点などから言っても、不当なものでないことが知られよう。また、一方では、この把え方をそのまま用例2・3などにも適用して、

遅く参りければ、

のように考え、その「遅く参る」の表す意味を「参上するはずの時刻になっても参上しない」として、用例全体を、

⑵雪見の御幸に、参上するはずの時刻になっても参上しなかったので（ところ）、頻に遅いという由の促しのお使をいただいて、それでお作りした歌

⑶大納言が参上するはずの時刻になっても参上しなかったので、お使を使って遅いということを度々お言い遣わしになる。……立ったり坐ったりしてお待ちになるうちに大納言が参上なさったので、

のように解して、初めの⑵⑶の訳では免れることのできなかった不自然な感じを一掃することができるのである。このような解釈のし方は、右の他の「遅く……（動詞）」の形の実際の用例に徴しても、院政期前ごろまでのもののすべてに通用するようであり、院政鎌倉時代のものにも原則として通用するようである。以下に、その中の数例を示すことにしよう。

まず、万葉集の中にただ一例見られる、

9獦高の高円山を高みかも出で来る月の遅く照るらむ（遅将光）（六・九八一）

は、「月が、普通だったら照るはずの時刻になっても、照らないでいるのだろう」と解するのがよく、したがって、

出て来る月の照るのが遅いのだろう。（武田祐吉氏『万葉集全註釈』）

月の出が遅いのであろうか。（日本古典文学大系『万葉集』）

のように訳すのはよいが、[3]

出テ来ル月ガ遅ク照ルノデアラウ。（鴻巣盛広氏『万葉集全釈』）

出て来る月がおそく照るのであらうよ。（澤瀉久孝氏『万葉集注釈』）

などのように訳すのは適当でないということになる。

また、落窪物語の、

10北の方、中隔ての障子を開け給ふに、堅ければ、「これ開けよ」と宣ふに、……几帳づらに押し寄せて、女君ゐ給へり。北の方、「など遅くは明けつるぞ」と問ひ給へば、「今日明日御物忌に侍る」と答ふれば、……「なほ開けよ」とて開けさすれば、荒らかに押し開けて入りまして、（巻一）

は、「なぜ、開けるはずの時刻になっても開けないでいたのです」と解するのがよく、枕草子の、

11おぼつかなきもの　……いま出来たる者の心も知らぬに、やむごとなき物持たせて、人のもとにやりたるに、遅く帰る。（三巻本、おぼつかなきもの）

は、「帰って来るはずの時刻になっても帰って来ないもの」と解するのがよく、

暇どって帰るようなばあい。（塩田良平氏『枕草子評釈』）

などとするのは適当でない。

源氏物語には、冒頭の用例1の他にもう一例、

12例もかかる時は遅くも渡り給へば、皆打解けて休み給ふぞかし。（東屋）

があるが、これも、「不断ならいらっしゃる時刻になってもいらっしゃらないので」と解するのがよく、した

がって、

遅くなってお渡りなさるので、（玉上琢弥氏『源氏物語評釈』）

のように訳すのは適当でないということになる。また、

13　山花未ﾚ落といふことを

恨みじな山の端蔭の桜花遅く咲けども遅く散りけり（大納言経信卿集）

の下の句は、「当然咲いていい時になっても咲かないけれども、他の花が散ってこの花も散るはずの時になっても散らないことだ」と解して初めて、詞書の「山花未ﾚ落」に相応しい解釈を得たことになるであろう。

更にまた、

14頼信、大臣ノ渡給フヲ待ケル程ニ、夜漸ク深更テ、大臣遅ク御ケレバ、頼信待兼テ、……寝入ニケリ。（今昔物語集、二七・一二）

は、「いらっしゃるはずの時刻になってもいらっしゃらなかったので」と解することになり、

15堀川院、皇子ヲソクイデキ給ケレバ、白川院ナゲキ給テ、鳥羽院ノ御母后ハ入内アリケリ。（続古事談、第一）

は、「お生れになるはずの時になってもお生れにならなかったので」と解することになるのである。

さて、右の結果、「遅く……（動詞）」の形の表現は、ある時刻になってもまだ実現しない動作・状態について、ある時刻になってもそれが実現しない、という把え方をして表現するのに用いられるものであり、したがって、

(以)……はずの時刻になっても……ない。[4]

などのように解するのがよいものと考えられる。また、この表現に於ては、その動作・状態が後に実現することもあれば、実現しないこともあり得る、ということになる。

四

右のような次第で、

16かくて（藤壺ガ里邸デ）経給ふ程に、春宮より、「遅く参り給ふ」とて、ある時はあはれに心苦しげに、ある時は憎げに怨じ給ふに従ひて、（参上ヲ促ス）御使あり。（宇津保物語、国譲中）

17かくて（藤壺ガ）まうのぼらせ給ひて、月ごろの御物語、遅く参らせ給へる事など、かたみに聞え給ひつつ、まだ御殿籠らぬに、（同右、国譲下）

18自らもおはして、「（アナタガ中宮様ノトコロニ）遅く参らば、『（コノ行成ガ）さなむ申したる』と申しに（使ヲ中宮様ノトコロニ）参らせよ」と宣ふ。（枕草子、職の御曹司の西面の）

19（道長ハ）この御有様どもに御目移りて、とみにも出でさせ給はず。遅く内にも参らせ給ふとて、御使頻なり。……殿ばらの御車牽き続けて内に参らせ給ふ。（栄花物語、初花）

20人々ノ歌ハ皆持参タリケルニ、此大納言ノ遅ク参リ給ケレバ、使ヲ以テ遅キ由ヲ、関白殿ヨリ度々遣シケルニ、……立居待タセ給ケル程ニ、大納言参リ給ヘレバ、（今昔物語集、二四・三三）(5)

21男共速ニ出立テ参レ。遅ク参テハ、我、勘当蒙ナム。（同右、二六・一七）

22公事行ひ給ふにつけて、遅く参る人、障り申す人などをば、家焼き毀ちなどせられけり。（今鏡、藤波中）

23タダ近江国へ御下向候テ、カウカ《（甲賀）》ノ山ウシロニアテ、坂東武士候ナンズ、ヲソクマイリ候ハヾ関東へ御幸候テ、アシガラノ山キリフサギ候ナバ、ヤウ〳〵京中ハヱタ、へ候ハジ物ヲ。（愚管抄、四）

などの「遅く参る」は、既に用例2・3の「遅く参る」について示したように、

(い)参上するはずの時刻になっても参上しない。

と解すればよいわけであるが、このように、今日的な語感とは異った解釈をすることになるのは、「参る」が「参上する」の意を表す語であることは疑問の余地のないところであるから、結局、形容詞「遅し」の意味用法に起因するものと考えられることになる。

実際、平安時代を中心とする古典語に於るこの形容詞は、今日と比べて多少趣の異った用い方がされている。たとえば、源氏物語に用いられているこの形容詞「遅し」について見ると、用例は合計で九例あり、その中の四例が終止形であるが、その四例は、

24頭の君、まめやかに、「遅し」と責め給へば、(式部丞ハ)何事を取り申さむと思ひめぐらすに、(帚木)

25「頭中将、いづら。遅し」とあれば、柳花苑といふ舞を、これは(光源氏ヨリ)今すこしうち過ぐして、かかる事もやと心づかひしけむ、いとおもしろければ、(花宴)

26「遅し」とあれば、弁の少将、拍子打ち出でて、(柏木ガ)忍びやかに謡ふ声、鈴虫にまがひたり。(篝火)

27右、(碁ニ)勝たせ給ひぬ。「高麗の乱声遅しや」など、はやりかにいふもあり。(竹河)

のように、いずれもまだ実現していないことについて、その実現を促す意をこめて用いられている。この源氏物語と同様に平安時代に成立した蜻蛉日記の用例二例も、

28急ぎも思はであるに、使の、つとめて、「遅し」とあるに、(下)

29「候はむ」といひつるを、頻に「遅し」などいひて人来れば、物しぬ。(同右)

のように、源氏物語の用例と同様の用い方がされているところを見ると、これが、少なくとも平安時代に於る終

止形「遅し」の一般的な用法であったと考えてよかろうと思われる。終止形がこのように用いられるのなら、連用形が、これと同じようにまだ実現していないことについて、「……はずの時刻になっても……ない」の意味で用いられて何の不思議もないということになり、したがって、「遅く参る」が、右に(い)として示した「参上するはずの時刻になっても参上しない」という意味で用いられるのは、全く当然のことということになるのである。

「遅く参る」をこのような意味用法のものとすると、それでは一体、

(ろ)参上するはずの時刻に遅れて参上する。他のものより遅れて参上する。

のような意味は、どのような形で表現されていたのだろうか、という疑いが湧いて来るが、それは、他でもなく、

30宮たちも皆参り給へり。上達部など多く参りつどひて騒がしけれど、殊なる事もおはしまさず。かの内記は政官なれば、遅れてぞ参れる。（源氏物語、浮舟）

のような「遅れて参る」の形で表現していたのである。したがって、これを、

31遅く咲く藤の花ゆゑいつしかと我さへまつに懸りぬるかな（忠見集）

32なでしこはいづれともなく匂へども遅れて咲くはあはれなりけり（後撰集、夏・二〇三）

について言えば、用例31の「遅く咲く」は「咲くはずの時になっても咲かない」という意を表し、用例32の「遅れて咲く」は「他の花より遅れて咲く（咲いている）」の意を表しているということになる。

なお、この類例を源氏物語に求めると、右の用例30の他に、

33ほかの散りなむとや教へられたりけむ、遅れて咲く桜二木ぞいとおもしろき。（花宴）

34ほかの花は、一重散りて八重咲く花桜盛り過ぎて、樺桜は開け、藤は遅れて色づきなどこそはすめるを、（幻）

35帰り給はむとて、よべ遅れてもて参れる絹綿などやうの物、阿闍梨に贈らせ給ふ。（宿木）

36おとどは、……あなたに渡り給ひぬ。この殿は、遅れて出で給ふ。（浮舟）

の四例を見出すことができるが、これらは、いずれも右の用例30・32などと同様に解することのできるものである。また、枕草子に一例見られる用例、

37中の御社のほど、わりなう苦しきを念じのぼるに、いささか苦しげもなく、遅れて来と見る者どもの、ただ行きに先に立ちてまうづる、いとめでたし。（うらやましげなるもの）

も、右と同様に解することができる。

そこで、これらの属する「遅れて……（動詞）」の形の表現は、

（呂）……はずの時刻に遅れて……。他のものより遅れて……。

などのように解することができるということになる。

五

右では、「遅く参る」の意味用法に関連して、形容詞「遅し」の意味用法と「遅れて参る」及びその属する「遅れて……（動詞）」の形の表現の意味用法とに触れたが、ここでは、「遅く参る」と密接な関係にある「遅参」の意味用法について触れてみたいと思う。

さて、この「遅参」は、「遅く参る」を出自とする和製漢語であると考えられるだけに、その意味用法の解明は、そのまま「遅く参る」の意味用法の解明につながるものであり、その意味で、きわめて重要なものであるが、まず、この「遅参」の意味用法の一面をよく物語っている次の例から見て行くことにしよう。

38廿五日辛亥。権中納言源伊陟卿。参議平惟仲朝臣着二庁座一。而少納言不参。仍大外記滋野善言起座着レ靴出二庁前一。申二少納言遅参[6]之由一。上卿立レ座。各退出。（本朝世紀、正暦四・七・二五）

これは、「政務を執るために権中納言源伊陟卿と参議平惟仲朝臣とが庁の座に着いたのであるが、少納言が参上しない（少納言不参）。そこで、大外記の滋野善言が座を立ち靴を履いて庁の前に行って、少納言の遅参（少納言遅参）の由を申しあげた。それを聞いた伊陟卿と惟仲朝臣とは、座を立って、それぞれ退出した」というものである。この記述によると、少納言が参上するはずの時刻になっても参上しないという事実について、「不参」「遅参」の二様の表現をしていることが知られるが、これは、少納言が参上するはずの時刻になっても参上しないという同一の事実について、それをただ単に、参上しないと把握した場合には「不参」と表現し、その事実を、参上するはずの時刻になってもという時限を加味して把握した場合には「遅参」と表現するということを物語っているものと解される[7]。

39実守朝臣遅参。数刻被二相待一。猶以不参。仍女房幷邦綱卿等奉レ結レ之。（玉葉、仁安二・三・一一）

は、この事情をよく物語っているものと考えられる。また、

40十三日甲寅。天陰降雪。中納言藤原顕光卿。権中納言伊陟卿参二着左衛門陣座一。而少納言不参。仍起二陣座一。移二着左仗座一。（本朝世紀、正暦一・一二・一三）

41七日戊申。天陰降雪。中納言藤原顕光卿着二左衛門陣座一。而他上卿遅参。仍起二陣座一。参二着左仗座一。（同右、正暦一・一二・七）

などのように、相似た文脈の中で用いられている「不参」「遅参」も、右の場合と同様に解して初めて、至当な理解が得られるものと思われる。

さて、「遅参」がこのように、

(イ)参上するはずの時刻になっても参上しないこと。

という意味を表すとすると、その「遅参」の後に、

(a)遅れて参上する

(b)そのまま参上しない

の二通りの場合の起きることが考えられるが、次のように、実際にこれら二通りの場合に相当する用例を見出すことができる。即ち、

42廿六日乙卯。雨下。依㆓宮仰㆒。懐信登山。是召㆓座主㆒使。依㆓咳病重㆒。今日遅参。此間（病が）発給。相扶未時参入。此間宜御座。（御堂関白記、寛仁二・八・二六）

43抑、舞姫遅参。仍仰㆓職事㆒。度々催㆑之。数度蒙㆑催参上也。可㆑謂㆓懈怠㆒。（玉葉、仁安二・一一・一六）

などは、後に「参入」「参上」とあるところから見て、(a)の場合に相当するもの、ということができ、

44昨日。内弁参内之後。実家卿遅参。件人可㆑為㆓宣命使㆒云々。奏㆓宣命㆒之後。更奏㆓事由㆒。遣㆓使於里第㆒之間数刻《(移カ)》。猶《(仍カ)》不㆑待㆓彼使之帰来㆒。被㆓始行㆒。実家兼留《(習カ)》㆓宣命使作法於左大臣㆒。又可㆑為㆓其役人㆒之由。有㆓予議㆒。而臨㆑期称㆑疾遂不㆓参内㆒。（玉葉、寿永一・八・一五）

は、後に「遂不㆓参内㆒」とあるところから見て、(b)の場合に相当するもの、ということができる。また、

45九日辛巳。天陰時々小雨降。諸卿遅参。仍無㆑政。是日重陽宴也。然而諸卿不参。（同右、正暦一・九・九）

も、(b)の場合に相当すると解してよいもの、と考えられる。なお、

46廿七日甲辰。従㆑朝雨下。午時有㆓晴気㆒。仍御出。大将遅参。及㆓申刻㆒。右大将不参。左大将参。（御堂関白記、

寛弘七・七・二七）

は、「大将遅参」とあるのに対して、後に「右大将不参」「左大将参」とあることから、右大将は(b)、左大将は(a)に相当するもの、ということになる。

　このようにして、「遅参」の用例を検して見ると、

47少納言藤実経遅参、仍不レ待二参入一。請二印官符一了。（本朝世紀、仁平一・一一・二）

48祈年祭也。権中納言匡房卿行レ之。外記遅参。不二相待一被レ行了。（同右、康和五・三・一三）

などの「遅参」は、勿論、右の用例38～46などの「遅参」と同様の(イ)の意味のものと考えられるし、

49七日己酉。天晴。上卿遅参。仍無レ政。八日庚戌。天晴。上卿遅参。仍無レ政。九日辛亥。天晴。上卿遅参。仍無レ政。午後。中納言源保光卿参二着左杖座一。十日壬子。天晴。上卿遅参。仍無レ政。午後。右大臣参入。

（本朝世紀、正暦一・八・七～一〇）

などの「遅参」も、上卿が連日のように刻限に遅れて参上したことを表しているのではなく、寧ろ、

50十九日丙辰。天晴。諸卿不参。無レ政。……。廿日丁巳。天晴。諸卿不参。無レ政。……。廿一日戊午。天晴。諸卿不参。無レ政。廿二日己未。天晴。諸卿不参。無レ政。（本朝世紀、寛和二・六・一九～二二）

の「不参」と実質的には同じもので、右と同様に(イ)の意味を表すものと解するのがよいように思われ、結局、「遅参」の用例は、平安時代・鎌倉時代を通して、原則として(イ)の意味で解するのがよいと考えられるに至るのである。

六

さて、平安時代・鎌倉時代を通して、「遅く……《（動詞）》」の形の表現が、原則として、

(以)……はずの時刻になっても……ない。

という意味を表すものであり、それに属する「遅く参る」が、原則として、

(い)参上するはずの時刻になっても参上しない。

の意味を表すものであるということは先に述べたところであるが、その妥当性は、右のように、その同じ時代の「遅参」が、原則として、

(イ)参上するはずの時刻になっても参上しないこと。

の意味を表すものであることが明らかになることによって、愈疑う余地のないものになったものと思われる。

しかし、一方、院政期に入る頃から、この「遅く……」「遅く参る」「遅参」のそれぞれの表す意味に変化が認められるようになって来る。

まず、「遅く……」の形の表現であるが、これについては、

51物見に遅く出でて、事なりにけり、白きしもとなど見つけたるに、近くやり寄するほど、わびしう、下りてもいぬべき心地こそすれ。（三巻本枕草子、心もとなきもの）

が注目される。これは、下への続き具合から見て、右の(以)の意味に解して、「物見に出かけるはずの時刻になっても出かけないで」とするのは不自然であり、寧ろ、先に「遅れて……《（動詞）》」の形の表現について示した(呂)の意味に

解して、「刻限に遅れて出かけて」とする方が自然である。もしそうであるとすれば、「遅く出づ」が「遅れて出づ」と同じ意味を表すものになったということになるのであるが、この「遅く出でて」の部分は、能因本には「いそぎいで」とあり、異同があるため、それがそのまま、枕草子の成立当時のものであるとは決し難く、したがって、この、「遅く出づ」を平安中期頃に於る「遅く……」の形の表現の意味変化の動かし難い例証とすることはできない。

次に注目されるのは、

52良久ク待ニ不見ズ。其ノ時ニ、施主、沙弥等ノ遅ク来ルヲ見ガ為ニ道ニ出テ草ノ中ニ居テ沙弥ヲ待チ見ルニ、二人ノ沙弥既ニ来タリ。（今昔物語集、三・一八）

の「遅ク来ル」であるが、これは、(以)によって、「沙弥等の来るはずの時刻になっても来ないのを見ようとして」と解するよりは、先に示した(呂)によって、「沙弥等の来るはずの時刻に遅れて来るのを見ようとして」と解する方が自然であるように思われる。また、

53いづれの手かとく負けぬべきと案じて、その手は使はずして、一目なりとも遅く負くべき手につくべし、といふ。（徒然草、一一〇段）

の「遅く負く」も、(呂)によって「他の手より遅れて（遅く）負ける」と解するのがよいように思われる。

この類に右のような変化が起き始めれば、この類に属する「遅く参る」にも当然変化が生じるはずであるが、用例が少ないためもあって、今昔物語集よりは少々成立の遅い古本説話集の中に見られる用例などから変化の兆が見え始める。

54旅籠馬や皮籠馬など、来着きたり。「などかく遥に遅れて、遅くは参るぞ。御旅籠馬などは、常に先に立ち

侯ふこそよけれ。……」などいひて、（第五八）

の「遅れて、遅くは参るぞ」は、宇治拾遺物語（七・五）に収める同一説話では「遅れては参るぞ」とあるところなどから考えて、その「遅く参る」を(い)の意味に解するよりは、先に示した(ろ)の意味で、「他のものより遅れて参上する」のように解する方が自然であるように思われる。また、

55仲胤僧都、法勝寺の御八講に遅く参りたりければ、追出されて、院の御気色あしくて、籠りゐたりけるに、

（古今著聞集、一八）

の「遅く参る」も、後に「追出されて」とあるところから考えて、(ろ)の意に解するのがよいと思われるのである。

このように、院政期に入る頃から徐々に(以)→(呂)、(い)→(ろ)への移行が始り、たとえば、「遅く来」と「遅れて来」とが同じ意味を表し、「遅く参る」と「遅れて参る」とが同じ意味を表すようになって来るが、しかし、院政鎌倉時代にはまだきわめて例外的なものであり、南北朝時代にあってもなお例外的なものであったと考えられる。このような次第で、

56我レ若シ遅ク返リ来ラバ、（我に代って汝が）速ニ此願ヲ可遂シ。（今昔物語集、一一・三二）

57九人ハ既ニ出ヌ、今一人ハ遅ク出デ、、穴崩レ合テ、不出得ズシテ止ヌ。（同右、一四・九）

58使走リ向テ、「遅ク将参ル」ト誡メ云ヘバ、其レヲ聞テ、……将参ヌ。（同右、一四・二九）

59俄ニ門只傾キニ傾キ倒レヌ。然レバ、急ギ走リ出タル者共ハ命ヲ存シヌ。其中ニ強顔クテ遅ク出ケル者共ハ少々被打厭テ死ニケリ。（同右、二四・二一）

60夜ノ遅ク明ルヲ、イツシカト待程ニ、（同右、二六・三）

61人ノ遅ク沙汰セシ事共ヲモ、即チ疾ク沙汰シテ、（同右、二八・二七）

などの今昔物語集の用例は勿論のこと、鎌倉時代の、

62其後未時バカリニ大地震アリテ、ヲソク出ル人ハウチヒシガレケリ。（続古事談、第一）

63今年ハ桜ハ遅クツボミテ、桃花ハ前ニ開タリ。（延慶本平家物語、二本）

なども、更には南北朝末期頃の、

64越後守師泰、此由ヲ聞テ、「是ヲ遅ク退治セバ、剣、白山ノ衆徒成合テ、ユ、シキ大事ナルベシ。時ヲ不レ替杣山ヲ打落シテ、……」トテ、（西源院本太平記、一八）

なども(以)の意味に解することができ、更にはまた、

65（大名）して、これはや、烏帽子が遅う来るな。（藤六）されば遅うござりまする。（大名）急いで、おのれ迎へにゆけ。（狂言記、烏帽子折）

のような用例もあって、随分後まで(以)の意味で用いられていたことが考えられるのである。

一方、「遅参」は、その出自は「遅く参る」であるとは考えられるものの、

66此奴ハ早ウ、召モ无キニ、押テ参タル也ケリ。（今昔物語集、二八・三）

のような「推して参る」が、

67旨酒一樽。景物少々。相具可レ企（令カ）二推参一侍。乞莫レ成二厭却一。（雲州消息、上末）

68能ナドヲバ愛給ハンズラムト思テ、或時推参ヲゾシタリケル。（延慶本平家物語、一本）

などに見られるような「推参」の出自となることを考えると、用例30などのような「遅れて参る」がこの「遅参」の出自となる可能性も皆無ではない。また、仮に「遅く参る」を出自として造出された「遅参」であったとしても、

(ロ)参上するはずの時刻に遅れて参上すること。他のものより遅れて参上すること。

の意味が、時には「遅れて参る」への類推から生じる可能性がある。そこで、単純に(イ)→(ロ)のような移行として把えてよいかどうかは疑点が残るのであるが、実際の用例について検すると、院政期に入る頃から、(ロ)の意に解するのが自然であると考えられる用例を、きわめて稀にではあるが、見出すことができるようになる。

69遅参公卿。自二殿上口一可二着座一。（江家次第、三・賭射）

70十二日乙丑。園韓神祭也。参議公隆卿参二行之一。権右中弁光頼頗遅参。（本朝世紀、久安五・一一・一二）

71依レ召晩頭参二鳥羽殿一。御乗船之間為二棹郎一。依二遅参一空退出了。（山槐記、仁平二・三・九）

しかし、鎌倉時代末期頃までは、

72（平維盛が妻子と名残を惜んでいると）弟達四五人馳来給テ、「行幸ハ遥ニノビサセ給ヌ。何ナル御遅参ニヤ」ト宣ヘバ、（延慶本平家物語、三末）

73平家は当時一旦の恩、佐殿は相伝四代の君なり。御参り候はんに其恐れ有るべからず。若し御遅参あらば、一定討手を差遣され候べし。（源平盛衰記、二三）

74延慶元年十一月十六日作庚子。晴。……典儀平少納言定有遅参之間。内弁被レ仰二師宗一。早加二催促一。（花園院御即位記）

75召二左少弁光隆一。尋二御幸具否一。申曰。公卿大略参。而御随身等堅固未不参。如法責伏云々。余仰曰。剋限已至。而御随身于今遅参。太奇恠也。厳密可二責伏一者。光経仰二庁官一数度令二催促一。（延慶大嘗会記、延慶二・一〇・二一）

などのような、(イ)の意味に解することのできる「遅参」の用例が殆どである。さらに、南北朝末期頃から室町時

代初期にかけても、なお(イ)の意味に解することのできる「遅参」の用例が数多く見られるのであるが、しかし、たとえば、

76カヽル所ニ、薬医頭嗣成、少遅参シテ、脈ヲ取進セケルガ、何ナル病共弁ヘズ。（西源院本太平記、二六）

77仏事為二聴聞一。公私皆参二入桟敷一。予聊遅参。（看聞日記、応永二三・一一・二六）

78役送無レ人之由被レ仰。明豊俄被レ召参。但遅参。[8]（同右、永享七・八・二二）

79祭畢。入江殿。西雲。実載等被レ帰。重仲参。遅参之間祭不二見物一。（同右、永享七・九・九）

などのような、(ロ)の意味のものと考えられる「遅参」の用例が増加するようになり、やがて、(イ)の意味の「遅参」が衰勢に向うことになるのである。

七

本章の題目として掲げた「御導師遅く参りければ」という表現に関連のあるものとして、平安時代を中心とする作品に見られる「遅く参りければ」の用例、及び「遅く参る」「遅く……（動詞）」「遅れて参る」「遅れて……（動詞）」「遅参」の各の用例の意味用法を検討して来たのであるが、それによると、源氏物語の中に、

灌仏ゐて奉りて、御導師遅く参りければ、日暮れて御方々より童べ出し、布施など、おほやけざまに変らず、心々にし給へり。（藤裏葉）

のように用いられている「御導師遅く参りければ」は、「御導師が、参上するはずの時刻になっても参上しなかったので」「御導師が刻限になっても参上しなかったので」と解するのがよく、「御導師が遅れて参上したの

で」と解するのはよくない、ということになる。したがって、

仏生会を行ふ導師が遅参したので、（吉沢義則氏『対校源氏物語新釈』昭和十三年二月刊、傍注）

その導師がおそく参ったので、（佐成謙太郎氏『対訳源氏物語』昭和二十七年四月刊）

音頭の導師が香水をそゝぐ童形の仏をお連れ申して遅くやつて来たので、（五十嵐力氏『昭和完訳源氏物語』昭和三十四年十二月刊）

御導師（主役となる僧）が、灌仏より遅く参上したのであったから。（山岸徳平氏校註・日本古典文学大系『源氏物語』昭和三十六年一月刊、頭注）

御導師がおくれて参上したので、（玉上琢弥氏『源氏物語評釈』昭和四十一年六月刊）

などのような今日の注釈書等に見られる現代語訳は不適当であるということになる。(9)

また、「御導師遅く参りければ」に含まれている「遅く参る」を出自とすると考えられる和製漢語「遅参」は、平安時代から鎌倉時代を通して、原則として「参上するはずの時刻になっても参上しないこと」という意味（前掲の(イ)の意味）を表すものである。この点から見て、今日通行の辞書、

ちーさん（名）遅参　刻限ヨリ遅《オソ》クマヰルコト。時刻ニ、オクレテ来ルコト。平家物語、七、維盛都落事、「幼キ者共が、余リニ慕ヒ候ヲ、兎角、拵へ置カント仕ル程ニ、存ノ外ノ遅参候」（『大言海』昭和九年八月刊）

ちーさん　遅参　刻限におくれてまゐること。本朝世紀承平五年六月三日「上卿遅参、仍無レ候」禁秘抄下「侍臣遅参、或称レ障不参之時」平家七、維盛都落「少き者共が余りに慕ひ候を、兎角拵へ置かんと仕る程に、存の外の遅参候」（『大日本国語辞典』昭和十四年十月刊修訂版）

ちーさん〔遅参〕（名・自動サ変）遅刻して来ること。「存じの外の――」〔平家・七〕（『明解古語辞典』昭和三十七年十月刊新版）

などの用例として掲げられている「遅参」はいずれもこの意味のもの（前掲の(イ)の意味）と考えられ、したがって、語義解説と引用例とが一致していないということになる。右の考察の結果から考えて、この「遅参」の語義解説としては、

①参上するはずの時刻になっても参上しないこと。刻限になっても参上しないこと。

②参上するはずの時刻に遅れて参上すること。他のものに遅れて参上すること。

のような二項を立てるのがよいということになるであろう。

注

（1）この詞書のある歌は、「朝ごとの鏡の影に面なれて雪見むとしも急がれぬかな」（六条右大臣）で、参上を急ぐ気が起きない、という意が詠み込まれている。

（2）日本古典全書『古本説話集』（昭和四十二年九月刊）九〇頁頭注四。

（3）たとえば現代語の「何か用事ができたために、彼の来るのが遅いのだろう」は、(A)「……、彼は遅くなって来るのだろう」の意と(B)「……、彼は来るはずの時刻になっても来ないのだろう」の意とを表すことができるが、この二書の訳の「照るのが遅いのだろう」「月の出が遅いのであろう」を、(B)の意に類するもので、「照るはずの時刻になっても照らないのだろう」と解するとして、それであれば、このように訳すのは「よい」というのである。以下の訳についても同様である。

（4）「……のが遅い」と訳すのもよいが、そう訳すと、（3）に記した(A)(B)のような二様の解釈が可能であるところから、(A)の類のものであるかのような誤解を生じる場合もあるので、避ける。なお、「なかなか……ない」と訳す

のは、「なかなか」が程度の意を含んでいるので、これも避けることにした。

（5）用例3の用いられている古本説話集の説話と同趣の説話を今昔物語集も収めていて、その中に見られる用例である。

（6）変体漢文で書かれた記録・日記などに多く見られる「遅参」については、「遅参　チサム」（前田本色葉字類抄）などによって、「チサン」と音で読むことにするが、場合によっては、「おそくまゐる」（あるいは「おくれてまゐる」）と訓で読む可能性もないわけではない。尤も、その場合は、そのまま「遅く参る」（あるいは「遅れて参る」）の用例となる。以下同様。

（7）これは、つまり、「遅参」は「不参」の一種であって、「参」の一種ではないということを意味していることになり、非常に重要な事実を物語っていることになる。これに対し、「此人未ㇾ見ニ早参之時一。雖ㇾ有ㇾ政必以遅参」（中右記、元永二・八・三）などのような「早参」は、「参」の一種であると考えられる。なお、用例78・79・（8）を参照。

（8）「参。但遅参」とあるところから見て、この「遅参」などは、「参」のあり方を表すものであり、したがって、「参」の一種として用いられているものと考えられる。用例79なども同様のものと考えられる。

（9）このような現代語訳は、本文が「御導師遅れて参りければ」とある場合に相応しいものとなる。用例30を参照。

（『今泉博士古稀記念国語学論叢』桜楓社・昭和四十八〈一九七三〉年三月）

語彙篇

第七章　源氏物語用語の清濁について

I　首書源氏物語の「ときとき」と「ときどき」

近世初期に成った『首書源氏物語』[1]の本文の清濁表記が古色をとどめているということについては既に指摘したことがあるが[2]、本章は、その『首書源氏物語』に見られる清濁二様の表記「ときとき」「ときどき」についてのささやかな調査報告である。

一

今日では濁音形「ときどき」に統一されているものの、古くは清音形「ときとき」と濁音形「ときどき」との二形に分れ、しかも、その二形が意味を異にしていたことは、中世末期・近世初頭のキリシタン資料によって知られるところである[3]。

Tranſeo, is, iui & tranſij, ſitum. ……¶ Tranſire in multos colores. Lus. Mudarſe em varios côres por intervallos. Iap. Toqitoqini iroga cauaru.（拉葡日対訳辞書、文禄四〈一五九五〉年天草刊、p.834）

Aliquotiens, ſiue Aliquoties. Lus. Algũas vezes. Iap. Toqiniyotte, toqidoqi.（同右、p.37）

Interdum, adu. Lus. As vezes. Iap. Toqidoqi.（同右、p.388）

Interim, adu. ……¶ Itẽ, algũas vezes. Iap. Toqidoqi.（同右、p.388）

Quandoque. Lus. Algũa vez. Iap. Toqidoqi, toqini yotte.（同右、p.666）

Toqitoqi. *Cada hora.* ¶ *Item, Hora, ou tempo determinado pera algũa cauſa. Vt,* Toqitoqini monouo ſuru. *Fazer algũa couſa em determinadas horas, ou em cada hora.*（日葡辞書、本編慶長八〈一六〇三〉年・補遺慶長九〈一六〇四〉年長崎学林刊、f.261. v）

Toqidoqi. *Adu. De quando em quando, ou de tempo em tempo.*（同右、f.261. v）

右の記述の当該部分について見れば、『拉葡日対訳辞書』では、

Toqitoqini（トキトキニ）＝葡萄牙語（Lus.）の por intervallos（間間を置いて）

Toqidoqi（トキドキ）＝葡萄牙語の Algũas vezes（時として）. As vezes（時折）. Algũa vez[4]（或る時）.

ということになり、『日葡辞書』では、

Toqitoqi（トキトキ）＝葡萄牙語の *Cada hora*（時刻ごとに）. *Hora, ou tempo determinado*[5]（定められた時刻或いは時）. *determinadas horas*（定められた時刻時刻）.

Toqidoqi（トキドキ）＝葡萄牙語の *De quando em quando*（折々）. *de tempo em tempo*（時々）.

ということになる。結局、これらによって、当時の京都を中心とする地域では、

ときとき——時刻ごと。定められた時刻時刻。定められた時時など。

ときどき——折々。時折。時としてなど。

のように、この二語は、その清濁によって語義を異にしていたということが知られるのである。この二語の差異については、右のようなキリシタン（主として葡萄牙人）の記述の外に、

時時をときどきと云へば希（まれ）なるやうに意得（こころえ）、……ときときと云へば……其のときときと云ふやうに意得るなり。これ皆云ひ習はしの世話なり。（見聞愚案記・慶長二十〈一六一五〉年成。『岩波古語辞典』〈ときときノ項〉所引）

のような日本人の記述もあり、確かなものと見て差支えないものと思われる。

このような記述から推して、当時を生きた『首書源氏物語』の著者釈了真は、日常語に於けるこれら二語の差異については十分に知っていたと思われるが、その上、了真自らも『首書源氏物語』の頭注（首書）として、

〇時〳〵 細 すむへし（総角、一一六オ頭注〈後出の用例㊱の頭注〉）

のような、「ときとき」（の下の「と」の字）が清音だと指摘した『細流抄』の注記を引用している。『細流抄』[6]には、この注記の外に、

とき〳〵心やましく とき〳〵のやうならはにこるへしと也（東屋）

とき〳〵 おり〳〵みる心也しからは下のときのき（ママ）[7]の字すみてよむへし（同右）

のような注記があるが、これらの注記についても了真は恐らく気付い（てい）たことであろうから、源氏物語のこの「ときとき」「ときどき」を語義によって区別することのできる素地は多分に持ち合わせていたと見てよいであろう。

以下、了真のこの二語の差異についての認識が『首書源氏物語』の「ときとき」「ときどき」の用例にいかに投影されているかという点を見てみたいと思う。

二

『首書源氏物語』には、「ときとき」の用例が二六例、「ときどき」の用例が一〇七例見られる。今、それらをその承接によって分類すると、次のようになる。

(Ⅰ)格助詞の下接するもの

	承接＼語	ときとき	ときどき
(a)	「に」の下接するもの	15	
(b)	「の」の下接するもの	3	2
(c)	「にて」の下接するもの		1

(Ⅱ)格助詞の下接しないもの

	承接＼語	ときとき	ときどき
(d)	連体句を承けるもの	3	10
(e)	連体句を承けないもの	5	94

右の表からは、概括的には、格助詞の下接する場合は清音形「ときとき」が圧倒的に多く、格助詞の下接しない場合は逆に濁音形「ときどき」が圧倒的に多いということが知られる。また、(a)~(e)の各について見れば、(a)(格助詞「に」の下接する場合)には専ら清音形が用いられているということ、(e)(格助詞も下接せず、連体句をも承けない場合)には圧倒的に濁音形が多く用いられているということをその特徴として挙げることができる。次に、順次(a)~(e)の用例を示し、多少の観察を加えてみることとする。

(a)格助詞「に」の下接するもの

①うみつらにも山がくれにも・ときく〳〵に。つけて・けうをさかすべきなぎさのとまや・(明石、首書源氏物語一

二丁オ1行。清濁・仮名遣い・送り仮名・読点は首書源氏物語のまま。用例番号に○印を付したものは用例が清音形「ときとき」であるもの。以下同）

②わが御こゝろにもおり〳〵の御あそび．その人かの人のことふえもしはこゑのいでしさま．とき〳〵。につ、け、てよにめでられたまひしありさま．（同右、一八ウ7）

③ゐんはのどやかにおぼしなりて．とき〳〵。につ、け、ておかしき御あそびなど．（澪標、二〇オ12）

④くらゐをさり給へるかりの御よそひをもたけのこの世のうきふしをとき〳〵。につ、け、て．あつかひ聞え給になぐさめ給ひけん．（蓬生、一オ10）

⑤もろこしには春のはなのにしきにしく物なしといひはべめり．やまとことのはには秋のあはれをとりたて、おもへる．いづれもとき〳〵。につ、け、てみ給ふにめうつりて．（薄雲、三六オ4）

⑥とき〳〵。につ、け、ても人の心をうつすめる．はなもみぢのさかりよりも．（朝顔、二一オ8）

⑦御とぶらひにことつけて．あはれなるさまにつねにきこえ給．わか〳〵しかるべき御あはひならねば．御かへりもとき〳〵。につ、け、て聞えかはし給．（若菜上、六五オ9）

⑧たいのうへつねのかきねのうちながら．とき〳〵。につ、け、てこそ．けうある朝夕のあそびに．みゝふりめなれ給ひけれ．（若菜下、二二オ6）

⑨女はれいならぬものきたるこそ．とき〳〵。につ、け、ておかしけれとて．（蜻蛉、五三オ12）

⑩さぶらふ人〴〵の．なりすがたよりはじめ．たゆみなく時〳〵。につ、け、つ、ゝとゝのへこのみて．（宿木、二オ4）

⑪時〳〵。につ、け、た、る木草の花によせても．御こゝろとまる計のあそびなどしてしがなと．（薄雲、三九オ1）

⑫冬の御かたにも．とき〳〵。によ、れ、るにほひの定まれるに．（梅枝、七オ4）

⑬はかなく物をいひかはし、ときどき（〳〵）によせて、あはれをもしり、ゆへをもすぐさず（若菜下、一一六オ10）
⑭行かふときどき（〳〵）にしたかひはなとりのいろをもねをも、おなじこゝろにおきふしみつゝ（早蕨、一オ4）
⑮夏の御かたの時々（〳〵）⑧にはなやぎ給まじきも（藤裏葉、二三オ12）

右が(a)に属する用例の総てである。これらの中、例えば①番の用例の訳を、現行の注釈書類の中の、

佐成謙太郎氏訳『対訳源氏物語』（明治書院、昭和二十六年～二十七年刊、七巻）
玉上琢弥氏『源氏物語評釈』（角川書店、昭和三十九年～四十三年刊、十二巻）
阿部秋生・秋山虔・今井源衛氏校注・訳『源氏物語』（小学館、日本古典文学全集、昭和四十五年～五十一年刊、六巻）
今泉忠義先生訳『源氏物語現代語訳』（桜楓社、昭和四十九年～五十年刊、十巻）
石田穣二・清水好子氏校注『源氏物語』（新潮日本古典集成、昭和五十一年～六十年、八巻）

の五書について見ると、

四季折折につけて（対訳・評釈・全集）季節々々に応じて（現代語訳）四季に応じて（集成）

と訳され、⑮番の用例は、

その時折につけて（対訳・全集）何かにつけて（評釈）その時々に（現代語訳）何かにつけ（集成）

と訳されている。これらの訳（②～⑭の訳もこれらと略同じ訳となっている）は、右の⑮番に対する「何かにつけ（て）」という訳などが多少気になるものの、前述の清音形「ときとき」の語義に合致していると見て、まず問題はない。これらの例については、結局、『首書源氏物語』の著者了真と右の諸家との解釈が一致しているということになる。

(b)格助詞「の」の下接するもの

⑯としのうちゆきかはる時〳〵のはなもみぢ．そらのけしきにつけても．こゝろのゆくこともし侍にしがな．（薄雲、三五ウ5）

⑰むかひの山にもとき〳〵の御念仏にこもり給ひしゆへこそ．人もまいりかよひしが．（椎本、三五ウ3）

⑱かの山寺の人はよろしうなりていで給にけり．京の御すみ家たづねて．時〳〵の御せうそこなどあり．（若紫、三七オ7）

19からもり．はこやのとじ．かくやひめの物がたりのゐにかきたるをぞ．とき〳〵のまさぐりものにし給．（蓬生、七オ1）

20二宮もおなじおとゞのしん殿を．時ゞの御やすみどころにし給て．（匂宮、二オ10）

用例は、右の五例で、清音形「ときとき」三例、濁音形「ときどき」二例に分れる。前者の中、⑯番の用例についての諸家の訳は、(9)

その折折の（対訳）四季おりおりの（評釈・全集）その季節季節の（現代語訳）季節季節の（集成）

となっていて、『首書源氏物語』の清音形「ときとき」に合致する訳となっている。

これに対し、⑰番の用例は、

時折（対訳）ときどき（評釈）時々でも（現代語訳）

のように、濁音形「ときどき」に相応する意味に訳すものと、

時季時季の御念仏にお籠りになったからこそ（全集）

のように、清音形「ときとき」に相応する意味に訳すものとがあり、二様に分れている。

ここで、中古に於ける念仏の営みのありかたが問題になるが、その念仏を源氏物語について見るに、

四季にあてつゝし給御念仏を．（橋姫、一九ウ11）

月ごとの御念仏．としにふたたびの御八講．（匂宮、七オ5）

さだまりたる念仏をばさる物にて．（御法、二〇オ12）

などのような、季節ごと・月ごとなどの定まった念仏の営みのあったことが知られる。そこで、この⑰番の「とき〳〵の御念仏」もそのような時季の定まった念仏の一つであると見て、「時季時季の御念仏」（全集）のような訳を用いる方がよいように思われる。このように訳せば、了真の解釈（したであろうところ）と一致することになり、『首書源氏物語』の清音形「とき〳〵」が生かされることになる。

⑱番の例も、『首書源氏物語』では、「しかるべき時季時季のお手紙」などのように解釈して、清音形を採ったのではないかと思われるが、諸家の訳は、例えば、

源氏の君は、京の尼君のおやしきを尋ねて、折にふれてはお手紙などお送りになった。（対訳）

時々のお便りなどがおくられる。（全集）

などのように、いずれも濁音形「ときどき」に相応する訳となっている。「ときとき」「ときどき」のどちらに相応する解釈を採るのがよいか、この⑱番についてはなお考究を要するところであろう。

19番・20番の二例については、清音形「ときとき」に相応する「その時々の」「時季時季の」などの訳は当らないようであり、『首書源氏物語』の濁音形「ときどき」をそのまま認めるのがよいと思われる。

(c)格助詞「にて」の下接するもの

21時〳〵にてもさる所にてわすれぬよすがと思ふ給へむには．たのもしげなくさしすぐひたりと心をかれて．

（帚木、二八オ9）

用例はこの一例であるが、これは、

時折通うにしても（対訳）　ときどきにもせよ（評釈）　時々にでも（現代語訳）

などのように訳されるものであり、『首書源氏物語』の通り、濁音形「ときどき」でよいと思われる。

以上のように、格助詞の下接する用例は、『首書源氏物語』では、濁音形三例に対して清音形は一八例で、清音形が圧倒的に優勢である。しかも、それら一八例の中、清濁いずれとも決し難い（と思われる）⑱番の例を除いて、一七例までが、その語義から見て『首書源氏物語』の採る清音形「ときとき」のままで通用することが知られるのである。

三

一方、格助詞の下接しない用例は、『首書源氏物語』では「ときとき」が八例、「ときどき」が一〇四例あって、逆に濁音形が圧倒的に優勢である。以下、格助詞の下接しない用例について見てみる。

(d)連体句を承けるもの

22ところのさまなどうちおもひやるとき〴〵．きしかたのこと忘れがたきひとりごとを．ようこそき、すぐい給はねなどうらみ聞え給て．（澪標、一七ウ2）

23きさきはおほやけにそうせさせ給ことある時どきぞ．御たうばりのつかさかうぶり．なにくれのことにふれつ、．……よろづをおぼしむつかりける．（少女、五九オ6）

24こゝろばへのかど〳〵しくけちかくおはする君にて．たいめんし給ときぐ〵も．こまやかにへだてたるけしきなくもてなし給へれば．（若菜下、七オ2）
25かの人はわりなく思ひあまる時どきは夢のやうに見奉りけれど．（同右、九六オ5）
26うるはしうもあらぬこゝろばへうちまじり．なまくねぐ〵しきことも出くるときぐ〵あれど．（紅梅、二オ7）
27おひさきとをくなどは見えさせ給ふになど．北方おもほしよる時ぐ〵あれど．（同右、一七ウ12）
28さるべきおり〳〵のあそび所には．君達にひかれて見えたまふときぐ〵あり．（竹河、六オ7）
29いみじくさびしげなりし御すみかに．やう〳〵人めみるときぐ〵有．（橋姫、一九ウ4）
30御こゝろよりあまりておぼしけるときぐ〵．たゞふたりの中になん．たまさかの御せうそこのかよひも侍し．（同右、四六オ5）
31なをもあらぬすさびなめりと．そゝのかし給ときぐ〵中の君ぞ聞え給．（椎本、七ウ12）
㉜あためいたる御こゝろざまをも．みあらはすとき〳〵は．いかでかかゝらんにはなど申給へば．（同右、四五ウ11）
㉝宮の御こゝろのあまりたのもしげなきとき〳〵は．おもはずなりけるすくせかな．……と．おぼす折おりおほくなん．（浮舟、四オ9）
㉞わがありさまのよづかぬをこたりぞなど．ながめいり給とき〳〵おほかり．（蜻蛉、六三オ4）

連体句を承ける当該二語の用例を、物語中での出現順に挙げてみたのであるが、一見して知られる通り、一三例中、終末の三例のみが清音形「ときとき」となっている。この現象は、偶然にしては整い過ぎたものであり、そこに何かがあることを思わせるが、一体、何があるのであろうか。

まず、㉜番の用例であるが、これについての諸家の訳は、

見つけなさる時には（評釈）

見つけだしたときには（全集）

見つけた時々などは（現代語訳）

などが普通であるが、

見つけた場合には、そのたびごとに、（対訳）

のように清音形「ときとき」に相応する訳を採るものもある。また、㉝番の用例についても、

頼りにならない感じがするときには、（評釈）

頼りなく思はれる時々には、（現代語訳）

のような訳のある一方、やはり、

たよりなく思われる折ごとに（対訳・全集）

のように、清音形「ときとき」に相応する訳を採るものもある。この㉜番・㉝番の用例については、了真も恐らく「度ごとに」「折ごとに」などのように解釈したのであろう。そして、その解釈によって清音形「ときとき」を採ったのであろうと推測される。この㉜番・㉝番の用例とは趣の異なる㉞番が清音形になっているのは（これが不注意による濁点の誤脱でなければ）、この辺りまで進めてくるうちに、了真自身が、結局、連体句を承ける用法のものはいずれも清音形が相応しいという認識を持つに到ったがためであるかも知れない。なお、連体句を承けるこの用法のものは、中世に入る頃から衰微し始め[10]、近世初頭頃には日常語としてはあまり多くは使われな

かったのではないかと思われる。したがって、了真は、この用法のものの清濁を定める上での確たる基準を持たないままに『首書源氏物語』の筆を進めてきたのだったのではないか、と思われる。

現行の注釈書類の中には、右の外、23番の用例について、

何か不幸をお訴えになる事のある折ごとに、（対訳）

お願ひなさることがある時ごとに（集成）

のように訳すものもあり、また、24番の用例についても、

対面なさるその折々も、（全集）

のように訳すものがある。この23番・24番の用例なども、あるいは清音形「ときとき」を採るのが相応しいのかも知れない。なお、右以外の用例（22番・25番〜31番）についても清音形である可能性は皆無でないように思われる。

(e)連体句を承けないもの

㉟よろづのことになどかはさてもとおぼゆるおりから、ときぐ〵おもひわかぬばかりの心にては、よしばみなさけだゝざらんなんめやすかるべき。（帚木、三八オ7）

㊱ときぐ〵おりふし。おかしやかなるほどに聞えかはし給ひしとしごろよりも。（総角、一一六オ9）

㊲ふし給へるところにおましちかうまいりたれば。いりて物など聞えたまふ。御いらへときぐ〵聞え給も。なをいとよはげなり。（葵、二七ウ4）

㊳ときぐ〵見奉る人だに。度ごとにめできこゆ。（東屋、四〇オ11）

㊴ときぐ〵は山におはしてあそび給へよ。（夢浮橋、一〇ウ2）

清音形はこの五例のみで、残る九四例は濁音形「ときどき」である。

右の㉟番の用例は、「とき〱（ヲ）おもひわかぬ」のようにヲ格に立つものであるが、諸家の訳は、

時と場合を見分けられない程度の心がらであるならば、（対訳）

場合や時が、分別できぬくらいの心では、（評釈）

場合、時節を分別せぬ程度の頭では、（全集）

時と場合の見分けのつかない程の心では、（現代語訳）

場合とか、時節とか、そんなことの見分けがつかない程度の分別では、（集成）

のようになっている。右の訳に限らず、他の注釈書類も揃って「をりから」を「時（と）」「場合（や・と）」「折柄（と）」と訳しているが、寧ろ、「折がちょうどそういう折である場合（には）」「そういう時には」などのように訳せないものかと思われる。「とき〱」の方も「場合」「時」「時節」では舌足らずであろう。宮田和一郎氏『増訂対訳源氏物語』（日本文学社・昭和九年刊）の訳「折柄と場合々々とを」のように「場合々々（を）」とするか、または「その時々（を）」とでもするかして、清音形「ときとき」に相応する訳を試みるのがよいと思われる。

㊱番の用例は、

以前、時時何か興趣のある折ごとに（対訳）

何かの機会をとらえて（評釈）

あの時この時、何かの折々につけて、（全集）

折々、その季節々々に当つて、（現代語訳）

のように訳されるが、「あの時この時」（全集）「その季節々々」などのように訳すのがよいと言えよう。これも

清音形が相応しい例であろう（『首書源氏物語』には、既に記した通り、この用例の頭注として『細流抄』の「とき〳〵すむへし」という注記が引かれている）。

㊲番の用例は、

時折（対訳）　時々（評釈・全集・現代語訳）

のように訳されるものであり、それが穏当であると思われるが、了真は、あるいは、

光源氏がそこへ入って話などお申しあげになる。葵上は御返事をその度ごとにお申しあげになるが、それもやはりいかにも弱々しそうである。

などのように解釈し、清音形「ときとき」を採ったのかも知れない。

㊳の用例は、『細流抄』が前掲の、

とき〳〵おり〳〵みる心也しからは下のときのき（ママ）の字すみてよむへし（東屋。「きの字」は内閣文庫本『明星抄』では「トノ字」となっている）

という注を付す箇所である。細流抄を頭注として頻用する了真は、この注の記述の趣旨を源氏物語の本文に反映させて、清音形「ときとき」をたてたのではなかろうか。ただし、この例は、諸家の、

時折（対訳）　おりおり（評釈）　ときどき（全集・現代語訳）

のような訳が相応しく、清音形による「その時々」「時節時節に」などの訳は受入れにくい。

㊴番の用例の「ときときは」も、訳としては、

時折は（対訳）　ときどきは（評釈・全集・現代語訳）

がよいと思われるが、了真は、㉜番（椎本巻）・㉝番（浮舟巻）の「ときときは」を清音形とした名残で、この用

例についても「季節季節には」などのように解釈して清音形としたものであろうか。この㊴番や右の㊳番のように多少無理な清音形が宇治十帖の後半部に数例現れるのは、気になるところである。

なお、濁音形九四例は、例えば、

40このさがな物をうちとけたるかたにて．ときぐ〵かくろへ見侍しほどは．（帚木、二五ウ12）

41時どき中垣の．かいま見し侍に．わかき女共のすきかげ見え侍．（夕顔、七オ7）

42うちならでこゝろやすきところにも．ときぐ〵はあそべかし．（紅梅、一二オ2）

43かの母宮などの御かたにあらせて．ときぐ〵もみんとはおぼしもしなん．（東屋、二一オ4）

44ちゝの大輔の君はほかにぞすみける．こゝにはときぐ〵ぞかよひける．（末摘花、三ウ8）

45よるなどはときぐ〵こそとまり給へ．こゝかしこの御いとまなくてくればいて給を．（紅葉賀、七ウ8）

などのようなものであり、総て濁音形が相応しいものであると判断される。

四

この「ときとき」「ときどき」に関係のあるものとして、上代に次のような仮名書例二例がある。

とこしへに　君に会へやも　いさな取り　海の浜藻に　寄る時時（等枳等枳）を（允恭紀）

時時（等伎騰吉）の花は咲けども何すれぞ母とふ花の咲き出来ずけむ（万葉集、二〇・四三二三）

右の允恭紀の例は、「等」が清音仮名であり、しかも、「その時その時」という意味を表しているところから、「ときとき」と清んで訓むことに問題はない。万葉集の例は「騰」が清濁両用の仮名であるので、表記上からは

「ときとき」「ときどき」のいずれであるかは決め難いが、「その時節時節」という意味を表していると見られるところから言えば、これも「ときとき」と清んで訓むのが妥当であろう。

院政鎌倉時代には、

時　トキ　トキ〱　ヨリ〱　（高山寺本三宝類字集、九三ウ）

のような例があるが、肝心の踊字「〱」に声点が付されていないために、清濁は判らない。それ以後、中世末期頃までこの清濁に関する有力な資料は今のところ見られないようであるから、結局、源氏物語の頃には清音形「ときとき」が存在したことは略確実であるが、濁音形「ときどき」の存在については全く判らない。したがって、今採り得る途としては、源氏物語に最も近い資料に於ける清濁に検討を加え、そこから得た結果を源氏物語の用例に当てて置くのが最善の途であると考えられるのである。かような場合の資料として有用なものの一つに『首書源氏物語』があるということ――特に、この『首書源氏物語』は、清濁の違いによって意味の異なる「ときとき」「ときどき」を考える資料としては、利用価値が高いということ――を、右での報告、観察を通じて主張したかったのである。(11)

なお、この清音形「ときとき」は、十七世紀中頃から濁音化する傾向を見せ始める。その意味では、コリャード『拉西日対訳辞書』（一六三二〈寛永九〉年ローマ刊）に見られる、

In horam, cada hora, de hora en hora. toqidoqi ni. toqigoto ni.（p.249）

は、toqidoqi ni（トキドキニ）と toqigoto ni（トキゴトニ）とが類義語であるかのようにも解されて注目されるが、これは西班牙語の *cada hora* に当る toqigoto ni と *de hora en hora* に当る toqidoqi を順不同に列挙しようとして toqidoqi ni としてしまったものかも知れない。

「ときとき」の濁音化の早い例としては、寧ろ、

ときぐ〱につけて（承応三〈一六五四〉年版『絵入源氏物語』澪標、一七ウ1）

ときぐ〱によせて（同右、若菜下、八七オ2）

ときぐ〱につけてかはりゆくほどに（明暦二〈一六五六〉年版『栄花物語』月宴、三六ウ8）

時ぐ〱によせて（万治三〈一六六〇〉年版『絵入源氏物語』若菜下、七八ウ1）

などのような例を挙げるのがよいように思われる。これらの「ときどき（に）」は、『首書源氏物語』では総て清音形の「ときとき（に）」になっていたのであるから、中古語についての読解力の差を考慮に入れるとしても、やはり濁音化の兆をそこに認めてよいように思われるのである。この濁音化の押し寄せてくる直前に『首書源氏物語』の成ったのは幸いなことであったと言うことができよう。今後この『首書源氏物語』の清濁表記がより有効に利用されることを願って稿を結ぶ。

注

（1）『首書源氏物語』は、釈了真著、五十五冊。寛永十七（一六四〇）年自跋、寛文十三（一六七三）年積徳堂刊。

（2）『源氏物語 上』（桜楓社・昭和五十年三月刊）に付した解説「語の清濁について」参照。

（3）『日葡辞書』に見られるこの清濁二形の差異については、「日葡辞書によると、トキドキ・トキトキの二形があり、前者はときおり・ときたまの意であるが、トキトキは時を定めて・その時その時に、という意味の別があった。」（『時代別国語大辞典 上代編』〈三省堂・昭和四十二年十二月刊〉の「ときどき」の項）、「トキトキ（その時その時に）・トキドキ　時々」（今泉忠義先生『日葡辞書の研究 音韻』〈桜楓社・昭和四十三年四月刊〉四八頁）などの指摘がなされている。

（4）このAlgũa vezは、Algũas vezes（時として）のように複数形をとるのがよいように思われる。

（5）この *Hora, ou tempo determinado* も、*Horas, ou tempos determinados*（定められた時刻時刻或いは時時）のように複数形をとるのがよいように思われる。
（6）伊井春樹氏編『内閣文庫本細流抄』（桜楓社・昭和五十年二月刊）による。
（7）この「きの字」は、内閣文庫本『明星抄』（書名『細流』十四・九ウ）には「トノ字」とある。恐らく「と」とあるべきところであろう。なお、『岷江入楚』も『湖月抄』も「きの字」のままでこの『細流抄』の記述を引用している。
（8）右の⑭番の用例は、連体句をも承けているが、格助詞「に」の下接することを重視して、(a)の用例の中に入れることとした。
（9）右の五例の中、この⑯番の用例のみ連体句をも承けているが、格助詞「の」の下接することを重視して、(b)の用例の中に入れることとした。
（10）例えば、「時々」の用例が宇治拾遺物語に一四例、平家物語（日本古典文学大系本）に五例あるが、連体句を承ける用例は皆無である。
（11）なお、本章で扱った「ときとき」「ときどき」の清濁の区別を源氏物語本文に採用しているものとしては、現在のところ、『源氏物語』（上・中・下、桜楓社・昭和五十年三月～九月刊）があるくらいである。

（『野州国文学』二四号、昭和五十四〈一九七九〉年十一月）

Ⅱ　「調す」清音のこと

標題の語について明治以後の辞書を検するに、『言海』（第四冊、明治二十四年刊）が「てうず」と濁音形で載せて以来、『新明解古語辞典』『角川新版古語辞典』『岩波古語辞典』など、管見に入るもの皆「てうず」と濁っている。ところで、『源氏物語大成』索引篇によると、源氏物語には「てうず」が一七例あるが、それらは、その表す意味によって、次の二類に分けられる。

A「装束を仕立てる」「調理する」の意のもの……一一例

B「調伏する」の意のもの……………………六例

今、これらを『首書源氏物語』（寛永十七〈一六四〇〉年成、寛文十三〈一六七三〉年刊）について見ると、

A＊帚木二オ　夕顔五三オ　須磨二八オ　蓬生一三ウ　玉鬘四八オ　常夏一オ　藤裏葉二九ウ
若菜上二九オ　若菜下二八オ　宿木三九ウ　手習八二オ　（＊印は複合語）

B葵二一ウ　若菜下八七オ　＊若菜下八七オ　手習一〇オ　手習一七ウ　手習一八オ

のA・B合計一七例すべて「てうす」（実際の用例は、未然形「てうせ」七例、連用形「てうし」一〇例）と清んでいる。

中田祝夫氏によると、平安初期は、漢字の尾音［―u］は濁音を呼ばないため、「休す」「奏す」「誅す」「表す」などのようになり、「す」が連濁しないという（『文明本節用集研究並びに索引』影印篇・二九頁、昭和四十五年刊）。一方、『広韻』を検すると、「調」の字音は「徒料切」「張流切」「徒弔切」とあり、それらによる「調」の推定音はいずれも尾音が［―u］である。これらのことから、『首書源氏物語』の用例がすべて「調《てう》す」と清音形になっているのは、連濁しない古形をとどめているものと考えられる。

なお、『源氏清濁』（貞享三〈一六八六〉年頃成、京都大学国語国文資料叢書三十七）は「てうせ」（夕顔・二四下、葵・三六上）の「せ」に不濁点を付し、『源氏詞清濁』（同右）も「てうせ」（葵・一〇二下）の「せ」に不濁点を

付している。これらは、『首書源氏物語』と同様、古い清音形をとどめるものであると思われる。
『首書源氏物語』の成立後に刊行された(1)『絵入源氏物語』（承応三〈一六五四〉年刊）・(2)『絵入源氏物語』（万治三〈一六六〇〉年刊）・(3)『湖月抄』（延宝三〈一六七五〉年刊）を見ると、それぞれ、

	A類	B類
(1)	「てうず」11例	「てうす」6例
(2)	「てうず」11例	「てうす」5例・「てうず」1例
(3)	「てうず」11例	「てうす」3例・「てうず」3例

となっている（ただし、(3)『湖月抄』B類「てうす」三例のうち二例は、頭注では「てうず」と濁っている）。これらのことから、

承応版『絵入』から、A類が「てうず」と濁るようになる。
万治版『絵入』のB類に清濁の揺れが現れる。
『湖月抄』から、B類も『てうず』と濁るようになる。

ということが知られる。以上のような次第であるので、辞書類などにおいては、今後は清音形「調《てう》す」を採る必要があると思われる。

（『国語研究』五五号、平成三〈一九九一〉年十二月、原題「「調す」清音のこと―源語清濁考―」）

Ⅲ　「螺鈿」は「ラテン」であった

「螺鈿」は今日では濁音形「ラデン」が一般であるが、近世初頭以前は「ラテン」と清んでいたようである。古辞書類を見ると、

螺鈿ラテン（黒川本色葉字類抄、中四〇オ）

螺鈿《ラテン》（易林本節用集）

など、「螺鈿」に「ラテン」の読みを示した例があるが、これらだけでは、「テ」の清濁は分からない。

ところで、源氏物語には「螺鈿」の用例が四例ある。これらを、『首書源氏物語』（寛永十七〈一六四〇〉年成、寛文十三〈一六七三〉年刊）について見ると、

若菜上四二オ・若菜上八二オ・夕霧六八オ・東屋四ウ

に出て来るが、いずれも「らてん」と仮名書きになっていて、「て」が清んでいる。『源氏清濁』（貞享三〈一六八六〉年頃成、京都大学国語国文資料叢書三十七）が「らてんのいし」（若菜上、七〇上）の「て」に不濁点を付しているところを見ると、『首書源氏物語』の表記「らてん」は、「螺鈿」の字音をそのままに表記したものと考えられる。

この『首書源氏物語』の成立後に刊行された承応三年版『絵入源氏物語』（一六五四年刊）は、『首書』と同様に四例ともに「らてん」と清んでいるが、万治三年版『絵入源氏物語』（一六六〇年刊）は、四例中、一例（若菜上二八オ）だけが「らでん」と濁った形をとっている。その後、『湖月抄』（延宝三〈一六七五〉年刊）にも濁音形

「らでん」（若菜上三四オ頭注・六四オ頭注）が見られ、『節用集大全』（延宝八〈一六八〇〉年刊）にも「螺鈿《らでん》」が見られるところから推して、

「螺鈿」は、もと「ラテン」と清んでいたが、十七世紀後半ごろから「ラデン」と濁るようになった。と見てよいと思われる。

右の概要は、かつて今泉忠義先生に申し上げたことがある。先生は、ご自身でもお調べの上、先生共編の『旺文社古語辞典　改定新版』（昭和四十四年刊）に清音形「らてん」を見出し語として立てられたが、後続の古語辞典は、管見に入るものすべて濁音形「らでん」を見出し語としている。さて、どんなものであろうか。

（『国語研究』五六号、平成五〈一九九三〉年三月、原題「「螺鈿」は「ラテン」であった—源語清濁考—」）

第八章　「けそん」は「家損」なりや

――源氏物語用語考――

源氏物語常夏巻の冒頭に近い箇所に次のような部分がある。

（光源氏）「いかで聞きし事ぞや。『大臣《おとど》の、外腹のむすめ尋ね出でて、かしづき給ふなる』とまねぶ人ありしは、まことにや」と弁少将に問ひ給へば、「こと〳〵しくさまで言ひなすべきことにも侍らざりけるを、この春のころほひ、夢語りし給ひけるを、ほの聞き伝へ侍りける女の、『われなむかこつべきことある』と名のり出で侍りけるを、中将の朝臣なむ聞きつけて、まことにさやうに触ればひぬべきしるしやあると、尋ねとぶらひ侍りける。くはしきさまは、え知り侍らず。げにこの頃めづらしき世語りになむ、人ゝもし侍なる。かやうのことこそ、人のため、おのづからけそんなるわざに侍りけれ」と聞ゆ。

右は、内大臣（もとの頭中将）が外腹の近江君を捜し出して大事にしているという噂を耳にした光源氏が、たまたま息子の夕霧の許に訪ねて来ていた弁少将（内大臣の次男）にその噂の実否を尋ねたのに対して、弁少将が事の成行きを簡単に説明して、

……おことば通り、この頃滅多にない世間話に誰も彼もしているということでございます。考えてみますと、このようなことは、父にとりましても、自然けそんなことでございます。

と言っているところである。
この弁少将の会話の中に用いられている「けそん」については、今日一般に漢語「家損」を当て済ませているのであるが、これは相応しくないものと思われる。そこで、その代案を提出しようというのが、小稿を成そうとする所以である。

一

源氏物語の古注に既にこの「けそん」を「家損」とする見方が示されているが、その最も早いものは、次に示す『紫明抄』（素寂著、永仁二〈一二九四〉年以前成）の記述であろうと思われる。

家損は　きすつきたる詞也（巻五）

その後、この「家損」は、稀に「けぞん」と濁って訓まれることもありはするが、古注から近世の注釈へ、更には現代の諸家へと承け継がれて行くことになる。

家損　家のきすなるへき心也 勘文云きすつきたる心歟云〻（四辻善成『河海抄』貞治六〈一三六七〉年以前成、明徳五〈一三九四〉年以前覆勘）
けそん　家損也。家のきすなるへきといふ心也（平井相助『源氏物語千鳥抄』応永二十六〈一四一九〉年以前成）
けそん　イヘノキスト云心也（竺源恵梵『類字源語抄』永享三〈一四三一〉年成）
けそんなる　家損キスツキタルト云詞也（正徹『一滴集』永享十二〈一四四〇〉年頃成）
けそん　家のきす也（一条兼良『源氏和秘抄』宝徳元〈一四四九〉年成）
けそん　家のきすなるといふ事也（慶福院花屋玉栄『花屋抄』成立年不詳）

けそんなる　落《おちたる》胤腹《たねはら》などのあるは人の家損なると也〈三条西公条『細流抄』大永八〈一五二八〉年成〉
けそん　家損　家のそんする相となり〈里村紹巴『源氏二十巻抄』天正八〈一五八〇〉年成〉
けぞん　家損《ケソン》　家のきすなといふ心也〈『絵入源氏物語』源氏目案・中、承応三〈一六五四〉年刊〉
「けそむ」は、従来、「家損」の字を当てて「家の不名誉」の意としている。……伝阿仏尼筆本は「おのづから希有なる云々」とあって、「自然、珍らしい〈滅多にない〉事云々」となり、穂久邇本は「おのづから人のため、けんそんなるわざ云々」とある。〈山岸徳平氏校注『源氏物語』一〈日本古典文学大系〉補注八、岩波書店・昭和三十六年刊〉
「家損」は、家の疵《きず》の意。〈石田穣二・清水好子氏校注『源氏物語』四〈新潮日本古典集成〉頭注、昭和五十四年刊〉

などがそれである。

近世以降の辞典類も、

けそん　源氏に見ゆ家損の義家のきずをいふ也〈谷川士清『和訓栞』九、安永六〈一七七七〉年刊〉
けそん　ナ。家損。いへのきず。〈物集高見纂『日本大辞林』明治二十七年刊〉
ケソン　家損　家のきず。家の恥辱。家の損害。〈『大辞典』平凡社・昭和十年刊〉
け－そん〔家損〕〈名〉家名の損傷又は恥辱。〈古語〉〈『辞苑』博文館・昭和十年刊〉
け－そん【家損】『名』家の損害。家の恥辱。〈『日本国語大辞典』小学館・昭和四十九年刊〉
けそん【家損】家の名折れ。家の恥。〈『岩波古語辞典』昭和四十九年刊〉

などのように、この埒外に出ることはなかった。

二

しかし、これに対して異見異説がなかった訳でもない。例えば、

おのつからけそんなる河家損 家のきすなるへき心也勘文云きすつきたる心也云ゝ ……箋

家損なる事也　家の瑕となるへき心歟云ゝ已上河海箋曰家損の義は人のためと云詞聞えすけそこと云詞なるへし　けそうは顕證なりあらはなる義なりかやうの事は世上の人のめにかくされぬ物そとなり和語の習上の字を下にてはぬる事非一落胤腹なとあるは人の家損と也秘　私人のためといふ云ゝ付之に付て義は有へからさる歟我か事を人に対していふ時人のと我をさしていふ事常に有事なり（中院通勝『岷江入楚』慶長三〈一五九八〉年成）

に見られる三条西実枝（天正七〈一五七九〉年歿）の説（右に「箋曰」とあるもの）がその一つである。実枝は、「けそん」を「家損」とすると「人のため」という語句の意味が分からなくなる、だから、それは「けそこ」であろう、と説くのであるが、これについての通勝の「私」案は、「人のため」を「我がため」と解すれば、「家損」との齟齬が解消されるのではないか、というのである。しかし、これは見当外れの案であると思われる。また、実枝の父公条（その説を右では「秘」として示している）は、異文の「けそう」について「顕證」の字を当てているが、「家損」を捨てている訳でもなさそうに見える。

賀茂真淵の案はまたこれとは異なっている。

けそむ　或説に家損の字を挙たり　意は家の疵といはん様に聞ゆれど家損とつゞく字は有べくもおぼえず謙

遜の字にや侍らん（『源氏物語新釈』宝暦八〈一七五八〉年成）

「けそむ」は「謙遜」の字が当たるのではなかろうか、というのであるが、これも賛同しにくいもののように思われる。

人のためおのつからけそんなる

河家損　イヘノ疵ナルヘキ心ナリ、

家損と注せる、おたやかならす聞え候、いかゝ、注ヒガ事也、イカナル意ナラム、未㆑考得㆒、（『源注答問』二、寛政五〈一七九三〉年成）

本居宣長は、右によって知られるように、門人藤井高尚の問に対して、「家損」と注するのは「ヒガ事」であるとし、「未㆑考得㆒」と答えている。いかにも宣長らしい慎重な態度というべきであろう。

現代の諸家の中でこの問題に最も意を払っておられるのは、玉上琢弥氏であるように見うけられる。少々長くなるが、氏の考説をそのまま左に引用してみようと思う。

「けそん」不明。一説、家損。すなわち、家の不面目というような言葉とみるのであるが、「けそん」という言葉づかいは他に見えない。別本は「けそう」。はっきりする、隠しておいても現われる、という意になる。しかしこれはごくまれであって、別本のほうでも「けそん」「けんそん」となっている本があり、あるいは「希有」となっている本もある。昔からわからなくて、いろいろ写し替えてきているのである。

もし「けそう」とした場合、困るのは、その上の「おのづから」である。これは、自然と、ほうっておいても、どうこうしなくても、などの意であるが、父内大臣はほうりっぱなしにしておいたのではない。すくなくとも近来は、息子たちにもさがすように気をつけさせ、八方手を尽くしているのである。隠しておこう、という気は毛頭ない。したがって、隠しきれないもの「けそう」ではない。では、「人」とはもう一方の人、すなわち「女」なのか。しかし、女のほうでも、「かこつべきことある」と名のり出たほどであるから「おのづから」という語と矛盾する。

『日本古典全書』の頭注は「こんな事件こそ本人のためには自然隠しきれぬことでした」とこの難場をうまく切り抜けている。ところが、もう一歩立ち入って、どういう事情を言ったものなのか、と考えてみると、わからない。そこで原文を離れてこの訳文だけから引き出せることを言ってみると、「本人のことを思うと隠しておくのがきのどくで、やはり自然と隠しきれなくなることでした」となろうか。父は娘を探している。その目的は政治的権力の拡張にあることを知っている息子は隠しておいたほうがよい、と思う。が、本人、女がきのどくで……と言うのだろうか。しかし原文と照らし合わせてみると、すこしうなずけない。権力家の息子が、それほど女の身になってやるかどうか疑問に思われるし、また、それ以上に、この場で、父の目的に合わない女のことをそこまで言わなければならないか、である。彼らは賢明な道を知っているはずである。

やはり、ここは底本どおり、「けそん」で、「こういうことは、父にとって自然不面目になることでございます」というふうに御挨拶で言っていると見る。（『源氏物語評釈』第五巻・三六四頁）問題点が採り上げられていて、その解説も明快である。しかし、依然として「けそん」は「不明」なのである。

三

さて、ここで、この「けそん」に該当しそうなものに目を転ずると、先ず、色葉字類抄（治承年間〈一一七七

〜一一八二〉成）に、

計損《ケソン》（黒川本・中巻）

とあるのが注目される。しかし、これは恐らく「算計《サンケ》（資用部・計数分）」（同抄、前田本・下巻）をし損じることであろうと思われる。従って、これはこの源氏物語の「けそん」には該当しないものと見た方がよさそうである。

そこで、私はこの問題の解決の拠所を源氏物語成立当時の公卿の日記の中に求めようと思う。

小右記は、小野宮右大臣藤原実資（天徳元〈九五七〉年〜永承元〈一〇四六〉年）の日記として夙に有名なものであるが、その寛弘九（一〇一二）年の記事に注目したい。公卿補任によれば、この年、実資は五十六歳で、大納言の右大将、藤原道長は四十七歳で、左大臣である。祖父実頼（昌泰三〈九〇〇〉年〜天禄元〈九七〇〉年、冷泉朝関白・円融朝摂政）の養子となって名家を継いでいる実資は、位こそ道長より低いが、気位は相当に高かったのであろう、この年あたりから道長に対する厳しい批判の言句がその日記に散見されるようになる。

今朝資平云、左府明日登山云々、触穢中幷祭前登山如何、不快事也（『小右記』〈大日本古記録〉寛弘九年四月四日。傍点は私に付した。以下同）

資平云、昨日左相府騎馬、従昏谿路登山、為被訪入道馬頭、夜中従西坂退下云々、……拾遺納言云、一上騎馬、祭以前度賀茂御社前登山、可奇之事也、相合愚案、（同、四月六日）

道長が、この年の一月に出家した子息顕信（入道馬頭）を訪うために明日叡山に登るということを養子の資平（兄懐平の子、左馬権助）から聞いた実資は、触穢中でもあり賀茂祭の前でもある折に左大臣ともあろう者が登山するとは何事だ、というので、それを「不快事也」と記している。更にその翌々日、道長の下山後、拾遺納言（藤原行成）がこの道長登山について「可奇之事也」と語ったのについて、「相合愚案」とも書き付けている。余程、不快に思ったのであろう。

五月下旬には再び道長が登山することになる。

佐光朝臣云、……馬頭法師明日受戒、仍左相府払暁登山、親昵卿相雲上侍臣多追従云〻、（同、五月二十二日）

伝聞、今暁左府登山、依馬頭受戒事云〻、（同、五月二十三日）

資平云、左相府昨日寅剋許出京、騎馬、自東坂登山、卿相殿上人諸大夫騎馬前駆、従檀那院辺以石投前駆、中一石当皇太后宮亮清通、(之カ)腰、彼是驚奇、或抑(仰カ)或叫云、殿下参登給そ、何者乃致求尋(非常カ)事乎、嚢頭法師五六人出立云、こゝハ檀那院そ、下馬所そ、大臣公卿波物故は知良ぬ物かと云〻、飛礫十度許云〻、一石到相府馬前云〻、此事或者申也、……（同、五月二十四日）

子息馬頭法師の受戒に立会うために騎馬で登山する道長とその一行に向って、檀那院の法師達が投石し、一石が道長の馬前に飛んで来たというのであるが、[1] この日の日記はなお続き、その末尾に後日譚が付記されている。

……後日或僧云、飛礫当広業清通等云〻、法師敢言云、騎馬て前〻専不登山、縦大臣公卿なりとも執髪て引落せ云〻、相府当時後代大恥辱也、世云、非人之所為、若山王護法令人心催狂歟、希代之事也、相府、気損、又可被慎歟、座主云、在一人騎馬、准人間有何事、自余人騎馬数十人登山不可然、飛礫三宝所為歟、当投石之者可慎歟云〻、（同右）

このように騎馬で叡山に登り、法師達からの投石を受けるなどということは、左大臣ともあろう者にとっては「当時後代大恥辱」であり、世間では、これを「相府、気損」であると噂をしているというのである。「気損」の前の不分明な文字「、」は、前出の「清通、腰」の場合と同様に、恐らく「之」字であり、従って、この部分は「相府之気損」であると見てよかろうと思われる。実にこの「気損」こそあの源氏物語の「けそん」に比定すべきものであったのではなかろうかと思われるのである。

同じ小右記に、

相府御足雖平復、時〻不快由被命、筋損歟者、（長和四年八月四日）

のような「筋損」（「筋ノ損ズル」とでも訓むのであろう）の例があり、また色葉字類抄に、

気装夫婦分・ケシヤウ・結政所有〻〻間（黒川本・中巻）

損ソコナフ 又ソンス（同右）

のようなもののあるところから見て、「気損」は、恐らく「気《ケ》」の「損《ソン》」ずることであろうと思われる。そして、この「気」が「気たかし」の「気」と同じ意味を表すものと考えられるところから、その意味は、「品位の損われること、またそのさま」、あるいは「品位を損うこと、またそのさま」などのようなものであったのではないかと思われる。但し、この語は、「気」のある（高貴な）人物が品位を損うようなことをしでかしたり、あるいは、そういう人物についてその品位の損われるようなことが露見したりした際に用いられるものであったと思われる。源氏物語の例が内大臣に対して用いられ、小右記の例が左大臣に対して用いられているのは、単なる偶然のなせるわざではあるまい。

この小右記に見られる「気損」を冒頭に掲げた源氏物語に当てて、

（内大臣ノ外腹ノ近江君ナドトイフ者ガ突然名乗リ出テ来タ）かやうのことこそ、人のため、おのづから気損なるわざに侍りけれ。

としてみると、

このようなことは、父にとりましても、自然品位を損うことになる出来事でございます。

の意となり、上の「人のため」との照応も整って、いかにも相応しいもののように思われるのであるが、いかがなものであろうか。ただ、今日に到るまで、「気損」のこの外の用例を見出し得ないでいるのは、残念なことといわなければならない。今後なお、用例の発見の俟たれるところである。

注

（1）道長は、この日の投石事件については、

今朝参上間、檀那院上方有放言僧、以石打人云々、為奇不少、（『御堂関白記』〈大日本古記録〉長和元年〈寛弘九年〉二月二十三日裏書）

と記すだけである。

（『国語研究』四四号、昭和五十六〈一九八一〉年三月）

第九章　「ウソ」の語源

虚言を意味する名詞「ウソ」の語源については、近世以降、多くの説がたてられている。それらを、例えば小学館『日本国語大辞典』によって見ると、以下のようになる。

(1)ウキソラ（浮虚）の義。また、ウキソラ（浮空）の略か。
(2)ウチソラ（内空）の義。
(3)実質のウスキ（薄）、或は其のウセ（失）たる言の意。
(4)古語ヲソの転。
(5)ヲソ（獺）に擬していう語。カワウソが尾を振って人をばかすという俗信から。
(6)ウはウツセミ、ウツケのウ、ソはソラコトのソ。うつけたそらごとの意。
(7)ウは大なる義。ウソは大いにそむく意。
(8)虚を意味するアザの転訛。
(9)ウソ（烏素）で、烏は黒いのにシロ（素）いといつわりをいう義。
(10)口をすぼめて唇をつき出したまま声を出すウソブク（嘯）から。ウソも不真面目な調子の作り声でいうことが本来の意。

⑾「迂疎」のWu-Soから。

右はいずれも尤もらしいところがあるものの、それぞれ怪しいところを含んでいる。そこで、本章では、「ウソ」の語源を、これらとは異なる観点から論じてみたいと思う。

本論に入る前に、右の中で最もそれらしく聞こえる⑽・⑾の二説について、簡単に触れておきたい。

⑽のウソブク説は、例えば、『羅葡日対訳辞書』（Ranco の項）に引く用例、Tora vsobuqu, l, foyuru.（虎ウソブク、または、吼ユル）のウソブクなど、ウソをつく意のものとは考えられない用例のあるところから見て、成立しないものと考えられる。虚言の意の「ウソ」は、フクものではなく、『日葡辞書』（Vso の項）に引く用例、Vsouo tçuqu. l, vsouo yŭ.（ウソヲツク、または、ウソヲ言ウ）のように、もともと、ツクもの、言ウものなのである。

⑾の「迂疎」説は、温古知新書（文明十六〈一四八四〉年成）などに見られるが、塩谷温『新字鑑』（改訂増補版、昭和三十二年刊）は、この語の意味を「事情にうとくて実際にあてはまらぬこと」とし、蘇軾の詩から「己坐二迂疎一来二此地一」を引く。これらのことから見ると、この語は、「ウソ」の語源には程遠いものと言わざるを得ない。

さて、ここで私は、中国南宋末の周密の撰にかかる『斉東野語』の句「這漢又来胡説」（『新字鑑』所引）などに見られる「胡説」（でたらめの議論、の意）を「ウソ」の語源に擬したいと思う。

中国東北部に起こった金に都の開封（現、河南省開封市）を追われ、杭州（浙江省）に都を遷して建国した南宋（一一二七〜一二七九）の貴顕詞客たちは、北方の胡《えびす》がよほど憎らしかったと見えて、右の「胡説」や「胡乱」（大慧禅師〈一〇八九～一一六三〉みだりの意）のような二字熟語や、「胡乱」を使った四字熟語「胡思乱想」「胡思乱量」（ともに朱熹〈一一三〇～一二〇〇〉などを造った。この造語法はその後の時代においても引き継がれて、「胡言乱語」「胡言乱説」「胡言乱道」などが造られ、現代中国においてもなお「胡奔乱跳」「胡批乱砍」「胡思乱想」などが、「胡説八道」（嘘八百の意）などと共に用いられているという状態である。

ところで、この「胡乱」は、唐音「ウロン」とともに、十四、五世紀の頃、日本に移入されるところとなったと見え、中世末期の代表的な辞書である文明本節用集（一四七四～一四九四成）には、

胡《ウ》乱《ロン》 ――ノ二字ハ。共《トモニ》唐音也。（中略）―揮《キ》乱《ロン》揎《ケン》。―説《セツ》乱《ロン》説《セツ》（宇、態芸門）

のように載せられているが、そこには「胡説」もまた、「胡説乱説」（「説」を重ね用いるところからすると、和製漢語か）の形で姿を見せている。

いわゆる天正遣欧少年使節（伊藤マンショ以下、正使二名・副使二名）が天正十八（一五九〇）年七月に長崎に帰着したことは、よく知られた歴史的事実であるが、これは、巡察使パードレ・ヴァリニャーノ Alessandro Valignano（1539～1606）に随伴しての帰国であった。翌年三月、ヴァリニャーノ一行は上京して秀吉に拝謁し、印度副王ドン・ドゥアルテ D. Duarte de Menezes の秀吉宛の書簡(1)・土産を献上した。幸いにも、臨済宗の高僧、西笑承兌《しょうたい》（一五四八～一六〇七）の手になるとされる、この書簡に対する返書案（天正十九年七月二十五日付）が天理大学附属天理図書館に蔵されているが(2)、その案文の中に、

以往ス不レ弁ン邪正ヲ、莫レレ作コト二胡《ウ》説《ソ》乱《ロン》説《ソ》ヲ一。

という一節が見られる。これによると、先に文明本節用集で見た「胡《ウ》説《セツ》乱《ロン》説《セツ》」が「胡《ウ》説《ソ》乱《ロン》説《ソ》」のように「説」の

音を「ソ」と変じて用いられていることになる。さて、この「胡説」の「胡」の音「ウ」は、文明本節用集に注されていたとおり、唐音であることから見て、「説」の音「ソ」も唐音であると推定されるが、どうであろうか。

「胡説」の現代中国普通話における発音は［xuʂuo］であるが、ここではまず、中世を通じて日本僧侶が往来したと考えられる中国浙江省（特に、杭州・天目山・径山寺《きんざんじ》辺）[3]の発音に注目してみたい。

当の浙江省の発音について述べたものとしては、現在順次刊行中の「現代漢語方言大詞典」の分巻『金華方言詞典』（江蘇教育出版社・一九九六年刊）がある。この書は浙江省中部（杭州の南南西約一五〇㎞）の金華市婺城区（五街道・一〇郷鎮）・金華県（二一五郷鎮）の発音・用例を蒐集整理したものであるが、それによると、「胡」（二二頁）の音は、「湖・糊・狐・壺」などと同音で、［ɯ］であることが知られる。文明本節用集などで「胡」の唐音が「ウ」であるのは、このことから見ても首肯することができるであろう。

一方、金華方言の「説」（引論一七頁）の音は［suəʔ］であるが[4]、同じ韻母を持つ「骨」「国」（共に音［kuəʔ］、二六七頁）がオ段音を持つ日本字音「コツ」「コク」と対応するところを見ると、「説」がオ段音の唐音「ソ」として受け入れられることは、当然であると考えられる。これには、「説」と似た韻母を持つ「果」（金華方音［kuɤ］）を唐音「コ」として受け入れることのあるのも[5]、参考になろう。

現代中国で「説」をまさに［so］で発音する地方がないわけではない。北京大学中国語言文学系語言学教研室『漢語方音字汇』（文字改革出版社・一九六二年刊）によると、成都[6]（四川省の省都）、漢口（湖北省武漢市）では［so］である。知人からの聴き取りによると、南京でも［so］である[7]。右の『漢語方音字汇』によると、南京の東北東七五㎞ほどに位置する揚州の「説」の音は声門音をともなう［soʔ］であり、蘇州では［sɤʔ］となっている。中嶋幹起氏『呉音の研究―上海語を中心にして―』（不二出版・一九八三年刊）によると、上海市郊外上海県の「説」の方音は［soʔ］であるという。[8] 揚州・蘇州・上海のこれらの音も、日本語に取り入れられる場合には、おそらく「ソ」として取り入れられるのではないかと考えられるのである。

右によると、結局、日本語「ウソ」の語源は、中世、中国浙江省の杭州・天目山およびその周辺の地に渡った禅僧たちによって移入された唐音の漢語「胡説《ウソ》」である、と考えられることになる。

したがって、「ウソ」はもともとは、右に引用した秀吉の返書案の用例や、

五月子カ。悪ト云ハ。ウソテ候ソ。（寛永十五年版『蒙求抄』一・三五ウ）

によって知られるように、「でたらめな言」ぐらいの意味で禅門で用いられていたものが、やがて僧坊を出て俗間に広まったものであると思われる。

注

（1）『新村出選集』第一巻・南蛮篇乾（甲鳥書林・昭和十八年刊）の口絵に、この書簡のカラー写真が載せられている。「印度副王より豊臣秀吉に送った書状」（同書所収）参照。

（2）開館63周年記念展『ポルトガルと日本―イエズス会資料を中心に―』（天理大学附属天理図書館・平成五年刊）10～11頁に、この返書案の写真が載せられている。なお、この返書案をめぐる事情については、松田毅一・川崎桃太氏訳『フロイス日本史2』（中央公論社・昭和五十二年刊）第二九章以下に詳述されている。

（3）例えば、沙石集・巻九（日本古典文学大系・三九三頁）には随乗坊が渡宋して径山寺で仏法を学んだ話が見え、

玉塵抄（臨済宗の僧惟高妙安講、永禄六〈一五六三〉年頃成）には浙江（影印本・(4)二九八頁）や杭州（(1)三一頁、(4)五六九頁）・径山寺（(2)二二三頁）などの話が見られる。

（4）國學院大學の平成九年度外国人招聘研究員として来日しておられた銭暁晴さん（杭州大学卒、浙江省教育委員会外事処副処長）に直接伺ったところによると、「説」の杭州方音は、金華方音と同じ［sɥeʔ］であった。

（5）玉塵抄（(2)二二三頁）に「茶果《コ》」とある。

（6）國學院大學大学院後期課程を修了した周敏西氏によると、夫人の陳蓓さん（成都出身・一九六三年生）は、成都の「胡説」の発音は日本語の「ウソ」に極めて近いと言っているそうである。

（7）唐燕霞さん（立教大学大学院後期課程、南京出身・一九六八年生）・徐滔さん（東京大学大学院後期課程、同上）によると、南京では「胡説」を「ウソ」と発音すると言う（私の耳には、「ウ」の頭に極めて僅かに摩擦音［x］があるように感じられるが、ご本人たちはないと言う。「説」はまさに［so］である）。

（8）語学研修生の王慶氏（上海市田新林出身・一九六七年生）に「胡説」の上海での発音を聞くと、「ウソ」であるという答えであった。別の場所で出会った、同じ上海生まれの林倩さん（語学研修生、一九七二年生）の答えも同様であった。日本語にない微妙な上海方音を日本語的に発音したのかも知れないが、それはそれで興味深いものがある。

記

本論文は、平成八年十一月十六日に開催された國學院大學国語研究会後期大会において、「『ウソ』の語源」と題して発表したものに、多少手を加えて成ったものである。

追記

本稿を投稿した後に、國學院大學講師小柳智一氏から「現代漢語方言大詞典」の分巻『杭州方言詞典』（江蘇教育出版社・一九九八年刊）を恵与された。それによると、「胡説」の杭州方音は［ɦusɥeʔ］である。因みに、「乱」の杭州方音は［luõ］となつている。（平成十三年二月四日、初校時追記）

（『国語研究』六四号、平成十三〈二〇〇一〉年三月）

第十章　「ハッケヨイ」の語源

一

今日、相撲を取る場合、「ハッケヨイ」「ノコッタ」の掛け声は、欠くことのできないものであり、それだけに、ことばを解する日本人なら誰でも知っているはずのものであるが、その語源は、ということになると、一方の「ノコッタ」の方が「残った」であることは、まず間違いのないところであるのに対して、「ハッケヨイ」の方は、大いに問題があるように思われる。尤も、今日の辞書などで、この語源に触れるものは、たとえば、

はッけ-よい（句）相撲ニテ、行司ノ力士ニ向ヒテ八卦良イト唱フル語。（大槻文彦氏『大言海』昭和九年八月刊）

はっけ〔八卦〕……。――よい（――良い）（感）すもうで、行司が土俵上で力士に向かってかける気合い。（三省堂編修所編『新国語中辞典』昭和四十二年一月刊）

はっけ-よい〔八卦良い〕〔感〕相撲の行司（ぎょうじ）が、力士に向って土俵の上で発するかけ声。（新村出氏編『広辞苑』第二版、昭和四十四年五月刊）

などのように、いずれも、「八卦良イ」を語源に想定していて、一見、何の問題もないように思われる。が、実

は、この他にもその語源を、「不発気力不生、不用意技不成」（出典不明）の「発気用意」に求める説[1]があったり、日本相撲協会のように「発気揚々」[2]を想定したり、というように、いくつかの語源説が存在していて、決して簡単に片が付くものではないことが知られるのである。そこで、以下、この問題について少々のことを述べてみたいと思う。

二

「ハッケヨイ」の語源を「八卦良イ」とする説が何時ごろから誰によって説かれるようになったか、その詳しいことは知らないが、この説が広く行われるようになったのについては、あの、石原和三郎作詞・田村虎蔵作曲の小学唱歌「金太郎」も、あるいは、与って力があったのかも知れない。

アシガラヤマノ、ヤマオクデ、
ケダモノアツメテ、スモウノケイコ、
ハッケヨイヨイ、ノコッタ、
ハッケヨイヨイ、ノコッタ。

（「幼年唱歌（初の上）」明治三十三年六月。岩波文庫『日本唱歌集』所載）

この「ハッケヨイヨイ」という歌詞にしたがえば、つい「ハッケ良イ良イ」と考えたくなるところであろう。だが、土佐で生まれ育った私どもは、この歌の「ハッケヨイヨイ」には多少の不満がある。というのは、私ども、子供の時によく相撲を取ったが、その時の掛け声は、「ハッキョイ」であって、決して「ハッケヨイ」ではなかったからである。聞くところによると、信州などでも、土佐と同じく、やはり「ハッキョイ」と言うらしい（多くは知らないが、案外、これが一般であるのかも知れない）。

一方、日本相撲協会の審判規定には、

両力士立上ってからは、「残った。ハッキヨイ。」の掛け声をなす。（「残った」は、技をかけている場合であり、「ハッキヨイ」——発気揚々を意味し、両力士が動かない場合に用いる。）

（行司・第七条。昭和三十五年五月八日施行）

のような条文があり、「ハッキヨイ」を用いることになっていて、土佐方言などに残る「ハッキョイ」と相通ずるところがある。

尤も、先日の昭和四十七年春場所千秋楽の幕内の取組について、行司方の掛け声を注意して聴いたところによると、いずれも、「ハッケヨイ」と言っていて、(3) 規定の「ハッキヨイ」とは違っているようである。また、右の規定によれば、両力士が技をかけなくなった時にこの掛け声を掛けることになっているようであるが、この掛け方の他に、両力士の立会いと同時に、「ハッケヨイ、ノコッタ、ノコッタ」と掛ける行司も何人かおられて、この点でも、規定と実際との間の違いを見出すことができる。

三

さて、問題は、語源として「八卦良イ」「発気用意」「発気揚々」などのいずれを採るにしても、技をかけなくなった時（と立合いの瞬間と）——即ち、静止時——に限って掛け声を掛けるという条件とその掛け声の有する意味との連関を、どう論理的に説明することができるか、ということであるが、右のように語源を考える場合は、そのいずれも、静止時に限らず、技をかけ合っている時に掛けても一向に差支えがなさそうに考えられ、静止時に限ってという条件との連関の必然性を明らかにすることができそうにない。

ところで、相撲の場合と同じように一対一で争う闘技の一つであるボクシングにも、これと非常に似たことがある。ボクシングを観ればすぐ気付くことであるが、相闘う両者が全く手出しをしなくなると、決まって、レフェリーが「ファイト、ファイト（Fight! Fight!）」と両者の闘いを命じ、促すのである。両者が手出しをして闘っている時にはこの掛け声を決して掛けないのは、Fight!（闘え）の意味から言って当然である。もし、真剣に闘っている時にFight!と掛け声を掛けられようものなら、選手が恐り出すに違いない。このFight!と全く同じ条件で「ハッキヨイ」（以下、日本相撲協会の審判規定にしたがってこの掛け声を用いる）が用いられているということから考えると、「ハッキヨイ」には、動詞の命令形が含まれている可能性が非常に大きいということになる。そして、実際、たとえば、「やれ、やれ」、「やめろ」、「がんばれ」など、掛け声風なことばの中に動詞の命令形であるものが多いことを考えると、その可能性は十分考慮してよいことのように思われるのである。

そこで、この「ハッキヨイ」を「ハッ－キヨイ」のように二つの構成素に分け、その下部構成素「キヨイ」の語源として、動詞「競《きほ》ふ」の命令形「競《きほ》へ」を想定してみようと思う。

さて、この「競ふ」という動詞であるが、これは、古くは、万葉集以下の作品に、

渡る日の影にきほひ（伎保比）て尋ねてな清きその道またも遇はむため（万葉集、二〇・四四六九）

あぢむらの　騒ききほひ（伎保比）て　浜に出でて　海原見れば（同右、二〇・四三六〇）

今は皆相撲《すまひ》始まりて、左右のけしき、きほひ過《そ》して、勝負《かちまけ》のわざには、四人の相撲《すまひ》人出だして、（角川文庫

本宇津保物語、初秋）
鳴きかへる声ぞきほひて聞ゆなる待ちやしつらん関のひぐらし（蜻蛉日記、中）
御前駆《さき》にきほはん声なむよそながらもいぶかしう侍る。（源氏物語、横笛）
風にきほへる紅葉の乱れなどあはれとげに見えたり。（同右、帚木）
たゞ今は、この御堂の夫役、材木・檜皮・瓦多く参らするわざを、われも〳〵ときほひつかまつる。（栄花物語、疑）
七月十日のころ、月にきほひてかへり侍りければ、（新古今集、雑上・一四九七詞書）
郎等に楯の六郎親忠、手書に大夫房覚明、六千余騎で天台山にきをひのぼり、（高良神社蔵覚一本平家物語、七・四八オ）
街（尾千艘）ハ、舟ノ多ウキヲウタナリソ。（山谷詩抄、一五・二一ウ）

などのように用いられている他、辞書類にも、

争　アラソフ　キホフ（観智院本類聚名義抄）
競　キホフ（同右）
競　キホフ（前田家本色葉字類抄）
競殿キヲイヲクレ（文明本節用集）
競　キヲフ（易林本節用集）
Qiuoi, ô, uôta.（日葡辞書）

などが見られ、また、今日でも、方言の中に、

キオー（フ）　動、ハ四　勢づく。競ふ。（高知県女子師範学校郷土室編『土佐方言の研究』昭和十一年十二月刊）

キヨウ（フ）　動、ハ四　キオーに同じい。（同右）

きおう　⑴急グ。⑵勢ヨク成長（生育）スル。（宮地美彦氏『土佐方言集』昭和十二年十月刊）

キヨウ　[動]方言㈠急ぐ。高知県。『火事ぢやきにキヨウて行け』㈡威張る。誇る。岐阜県恵那郡。㈢洒落る。著飾る。岐阜県恵那郡。（平凡社『大辞典』昭和十年二月刊）

などのように、「キオー」「キオウ」「キヨウ」などの形で用いられているものである。

右のような次第から見て、結局、「競ふ」には、おおよそ、

キホフ→キヲウ→キヲー→（キオウ／キヨウ）

のように変化したことになり、したがって、その命令形は、当然のことながら、おおよそ、

キホヘ→キヲヱ→キヲエ→（キオエ／キヨエ）(4)

のように変化したことになる。

さて、ここで、この命令形「キヨエ」が「キヨイ」に転訛することを考えることになるが、この転訛は、たとえば、中世の国語で、

暫しづまられ候へ。（高良神社蔵覚一本平家物語、一・六四ウ）

冥途ノ御旅ヲ急ガレソロヘ。（西源院本太平記、一〇・鎌倉中合戦事）

ナウ、トク御帰ソロエ。（四河入海、一四・一・一一ウ）

おのれは憎い奴の。それおなりそへ。（狂言記、二千石）
れうけんをいたさう。おなをりそひ。（大蔵虎明本狂言、二千石）
本の座敷へおも〳〵とお直りそい。（森藤左衛門本鷺流狂言、三番叟）

のように、（「候ふ」の命令形「候へ」から転じて成った）「ソヘ《エ》」が「ソイ」に転訛する例のあるところから言っても、少なくとも中世の国語に於ては可能であったと考えられる。[5] そして、その転訛を可能にする原動力の役を果たしたのは、「ソヘ《エ》」→「ソイ」の場合も共に、語源意識の稀薄化であったのではないかと思われる。

四

次に、「ハッーキョイ」の上部構成素の「ハッ」について考えることにしたい。

右のように、「ハッーキョイ」の下部構成素の語源を「競ふ」の命令形「競へ」に求めるとすれば、上部構成素の語源には、この命令形「競へ」との連接の必然性が考えられなければならないはずである。この点からいって、「ハッ」の語源を感動詞の「は」に求めるのは、それが最も簡単に思い付くものではあるものの、少々苦しい。なるほど、「は」の用例は、中世初頭ごろ以降、

人皆「は」と笑ひけり。（宇治拾遺物語、五・一〇）
（二聟）「あれにござるは舅殿か」。（冠者）「は」。（二聟）「不案内にござりまする」。（舅）「ようこそござつたれ。まづ下《しも》にござりませい」。（二聟）「は、こりやどなたでござりまするぞ」。（一聟）「は、いや、身共も聟でござる」。（二聟）「は、存じませなんだ」（狂言記、かくすい）

Ha sono coto degozaru,（ロドリゲス『日本大文典』二〇オ）

などのように、あるにはあるが、いずれも、笑声・返答の類のものであって、呼び掛け・掛け声の類のものはない。したがって、掛け声としてのこの「ハッ」の語源としては相応しくない。

そこで、別のところに語源を求めることになるが、その場合、この語源として最も相応しいものと考えられるのは、副詞「早《はや》」である。

この副詞「はや」は、たとえば、万葉集では、

大船を荒海《あるみ》に出だしいます君つつむことなくはや帰りませ（波也可敝里麻勢）（一五・三五八二）

朝な朝なわが見る柳鶯の来居て鳴くべき森にはやなれ（早奈礼）（一〇・一八五〇）

大伴の御津の松原かき掃きてわれ立ち待たむはや帰りませ（速帰坐勢）（五・八九五）

などのように、下に活用語の命令形を伴って用いる他、

ありねよし対馬の渡り海中《わたなか》に幣取り向けてはや帰り来《こ》ね（早還許年）（一・六二）

白栲の袖並めず寝るぬばたまの今夜《こよひ》ははやも明けば明けなむ（早毛明者将開）（一二・二九六二）

吾妹子を行きてはや見む（波也美武）淡路島雲居に見えぬ家つくらしも（一五・三七二〇）

ぬばたまの夜渡る月ははやも出でぬかも（波夜毛伊弖奴香文）海原の八十島の上ゆ妹が辺見む（一五・三六五一）

今しらす久邇の都に妹に逢はず久しくなりぬ行きてはや見な（早見奈）（四・七六八）

などのように、下に、誂え・勧誘・意志・願望などの語を伴って用いることが多く、それ以外の用法のものとしては、

昨日こそ年は果てしか春霞春日の山にはや立ちにけり（速立爾来）（一〇・一八四三）

奈呉の海に潮のはや干ば（波夜非波）あさりしに出でむと鶴は今ぞ鳴くなる（一八・四〇三四）

など、きわめて限られた用例しかない。

このような傾向は、平安時代に入っても殆ど変らないが、竹取物語と土左日記の場合は、「はや」の用例が総て命令形を伴うものばかりで、「はや」と命令形との密接な関係を覗かせている。

竹取物語（七例）

はやこの皇子にあひ仕うまつり給へ。（蓬莱の玉の枝）

はやとく返し給へ。（同右）

はや焼きて見給へ。（火鼠の皮衣）

はや神に祈り給へ。（龍の頸の玉）

はやかの御使に対面し給へ。（御門の求婚）

はや殺し給ひてよかし。（同右）

はや出だし奉れ。（かくや姫の昇天）

土左日記（二例）

はや言へかし。（一月七日）

綱手はや引け。（二月五日）

この「はや——命令形」は、これらの他にも、

はや船に乗れ。（伊勢物語、九段）

はや返事せよ。（蜻蛉日記、中）
はやたばかれ。（平中物語、二九）
はや行け。（落窪物語、二）
はやのぼらせ給へ。（枕草子、淑景舎東宮に）
はや逢へ。（源氏物語、明石）
はや思し立て。（和泉式部日記）
はや渡らせ給ひね。（栄花物語、鳥辺野）
はや渡し給へ。（堤中納言物語、はいずみ）

など、用例も多く、院政期前頃までの作品には普通に見られるものである。

しかし、院政期に入る頃からは、それまで全く劣勢であった、

はやくこなたに入り給へ。（蜻蛉日記、中）
はやう物せよ。（同右、下）
はやく申し給へ。（源氏物語、玉鬘）
はやう物せよかし。（同右、花宴）

などのような「はやく――命令形」「はやう――命令形」の二形が「はや――命令形」を圧倒して行ったようであり、今昔物語集にはこの二形しか用いられず、「はや――命令形」の形を見出すことができなくなっている。

早ク船ニ乗レ。（今昔物語集、二四・三五）
早ク得ヨ。（同右、二七・一三）

早ウ死ネカシ。（同右、二八・一八）

早ウ入り給ヒネ。（同右、二九・二六）

右の「早ク船ニ乗レ」の用例の見られる今昔物語集第二四巻・第三五は、伊勢物語九段と同一の説話を収めたものである。ところが、伊勢物語の方では前掲の通り「はや船に乗れ」となっているのに対し、今昔物語集の方では右の通り「早ク船ニ乗レ」となっていて、一方は「はや」、一方は「早ク」というように、両者の間に差異がある。このようなところにも、「はや」の衰微、「はやく」「はやう」の盛行の一端を見てとることができるものと思われる。

さて、この「はや」「はやく」「はやう」の三つは、いずれも、「ハッーキヨイ」の上部構成素の「ハッ」の語源として想定することが可能であるが、しかし、それらの中では、「ハッ」への転訛の容易さや、相撲という闘技の、緊張の極にある場面での促しの掛け声である点やなどから考えて、先に述べたように、「はや」がその語源として最も相応しいものであると考えられる。

尤も、「はや」がいくら相応しいからといっても、この「はや」が盛んに用いられたと考えられる奈良時代から平安時代中期頃までに、右によって想定した「ハヤーキホヘ」の用いられる素地、即ち、相撲の興隆、盛行がなければ、この可能性は後退せざるを得ないことになるのであるが、平安時代初期頃から相撲が盛んであったことは、六国史などの記録するところであり、この点でも問題はないものと考えられる。

五

相撲に関する記録については、周知の通り、日本書紀の、

当麻蹶速与二野見宿禰一令二捔力一。二人相対立。各挙レ足相蹶。則蹶二折当摩蹶速之脇骨一。亦踏二折其腰一而殺之。
（垂仁天皇七年七月七日）

が最古のものであるが、奈良時代の記録としては、

天皇観二相撲戯一。（続日本紀、天平六・七・七）
天皇御二大蔵省一覧二相撲一。（同右、天平一〇・七・七）

がある。平安時代に入ると、

観二相撲一。（日本後紀、延暦二三・七・七）
幸二神泉苑一。観二相撲一。（同右、大同三・七・七）
幸二神泉苑一。観二相撲一。（同右、弘仁二・七・七）
天皇幸二神泉苑一。観二相撲節一。（続日本後紀、天長一〇・七・一六）

など、天皇観覧の記録が多くなるが、中でも特に、清和天皇の貞観年間の記録が多く、

○五日壬申。天皇御二前殿一。観二童相撲一。其儀一如二去年一。○六日癸酉。亦御二同殿一。観二童相撲一。……○十二日己卯。天皇御二前殿一。観二相撲一。奏レ楽。如二去年一。○十三日庚辰。亦御二同殿一。覧二相撲一。（日本三代実録）

のように、貞観四年七月には四度も相撲を観覧せられたこともあるなど、相撲興隆の様子を示すものであるとい

うことができよう。

一方、実際の相撲召合の場では、左右に分れた相撲人《すまひびと》たちの他に、相撲長《すまひのをさ》、籌刺《かずさし》（指籌とも）、立合《たたあはせ》などが左右それぞれに控えていたようである。故実書などによると、この相撲長の役は、相撲人の髪が乱れたり褌が解けたりした時にそれを繕ったり、敵方の相撲人の相撲い方に難を付けたりなどすることであり、[6]籌刺の役は、味方の相撲人の名を呼びあげたり、勝ち負けの籌を数えたりすることであったようである。[7]これに対して、立合の役はあまり明らかでないが、「たたあはせ」（後には「たちあはせ」とも呼んだ）という役名からみて、味方の相撲人の立合いに関与したことが考えられる。一番一番の勝負の後、勝方の立合は勝利の舞を舞うことがあったのに対して、一方の負方の立合は必ず交替させられた[8]ところなどからみると、勝負に最も緊密に結び付いた役であったことが考えられる。この立合が後に行司になって行ったようであるが、[9]あるいは、この立合などが、「早競《はやきほ》へ、早競《はやきほ》へ」と促したのかも知れないし、場合によっては、見物の衆も、勿論そう促したことであろう。

右のようにして相撲の場で用いられ始めた「ハヤキホヘ」が、やがて行司の掛け声に固定され、

ハヤキホヘ→ハヤキヲヱ→ハヤキヲエ→ハッキヲエ→ハッキヨエ→ハッキヨイ→ハッキョイ／ハッケヨイ

などのように転じて、今日の「ハッキヨイ」「ハッキョイ」「ハッケヨイ」の形が生じたものであろうと考えられる。このように、命じ促す意味を有する「早競《はやきほ》へ」に語源を求めることによって初めて、両力士が技をかけない静止時に限ってこれら「ハッケヨイ」などの掛け声を掛けるということの意味も、十分に理解することができるものと考えられるのである。

以上で、「ハッケヨイ」の語源についての考察を結ぶことにするが、右を要するに、「ハッケヨイ」の語源は、

「早競《はやきほ》へ」に求めるのがよく、そうすれば、文法・音韻変化の面でも無理なく説明することができ、この掛け声の用いられる場面的条件にも適合する、ということを述べたのである。したがって、この立場から見る限りに於ては、在来の「八卦良イ」などの諸説は、いずれも民間語源に基づくものということになる訳である。

なお、右の中で、「ハヤ」を「ハッ」の語源とすることについいは、大分大学の種友明氏のご教示によるところが大きい。また、日本相撲協会の審判規定などについて相撲博物館の斎藤鉞郎氏からご教示をいただいた。ここに記して感謝の意を捧げる次第である。

注

（1）桑原岩雄氏のお話を、國學院大學助手の中島繁夫氏を通して、伺ったものによる。なお、先々代の式守勘太夫さんに直接に伺ったところによると、勘太夫さんは、この説と「発卦用意」という説とを考えておられる。

（2）後出の審判規定の中に見られる説であるが、この規定は、昨年なくなられた秀の山親方が中心になって去る昭和三十五年に成文化したものという。なお、相撲博物館の斎藤鉞郎氏によると、秀の山親方はこの説を熱心に説いておられたということである。

（3）先々代の式守勘太夫さんによると、「ヨイ、ハッキヨイ」と言うこともある由である。

（4）私どもは、土佐にいた時に、この「キヨエ」を「急げ」の意味で用いていた。

（5）中世語に於けるエ↓イの交替の例は、今泉忠義先生のご著書『日葡辞書の研究 音韻』（桜楓社・昭和四十三年四月刊）六〇頁〜六二頁に多数示されている。

（6）江家次第には次のような記述が見られる。

若髪乱犢鼻褌解則相撲長趁二到於桜橋下一繕レ之。或敵方相撲无レ理時、又趁進取二離之一。敵方相撲長亦来遮レ之。

（巻八・相撲召仰）

（7）西宮記には、

指籌着幄前床子奏名、先奏占手名、然着之（巻四・相撲召仰）

のような記述が見られる。

（8）江家次第には次のような記述が見られる。

勝方立合舞。負方改二替立合籌刺等一。（巻八・相撲召仰）

（9）『古今相撲大全』（宝暦十三〈一七六三〉年刊）には、

行司伝来

往古朝庭に相撲行はせられける時は、立合《たたあはせ》と号し、地下の官人是をつとむ。（下本・一三ウ）

とある。

（『国語研究』三三号、昭和四十七〈一九七二〉年三月、原題「「ハッケヨイ」の語源について」）

キリシタン資料篇

第十一章　オ段長音の開合について
――ロドリゲス『日本文典』覚書――

序

中世末期から近世初頭にかけての日本語のオ段長音に開合の違いがあり，それをキリシタンたちがǒ，ôを用いて区別していたこと，また，ジョアン・ロドリゲス João Rodriguez が，その著『日本文典』及び『日本小文典』の中で，ポルトガル語を引用してこの開合を説明していることなどは，よく知られた事実である．本章では，ロドリゲスの記述に見られるポルトガル語に関連して，16世紀のポルトガルの文法学者や正書法学者がoについて記していることを紹介し，旁少々のことを覚書として書きとめてみたいと思う．

1. ロドリゲスの記述について

まず，ロドリゲスの，開合についての主だった記述について示せば，次の通りである．

ヒロガルについて　ヒロガルǒの発音法は，丁度我々がそれを二つのooで書いてあるかのようである．例えば，Xǒ は Xoo，Tǒ は Too のようである．或いは，ポルトガル語で Minha auǒ，capa de dǒ，enxǒ，ilhó，filhó，Nó da taboa，muyto pó[1)] 及び他の同様の語を開いた口で発音する時と同じである．

スバルについて　スバルôの発音法は，ほぼouと書かれているかのようである．例えば，Xô は Xou，Tô は Tou のようである．そして，ポルトガル語で Meu auô を唇を丸く合わせ，口を少し閉じて発

音するのと同じである.（『日本文典』, f. 175v., 長崎, 1604～1608）

二重母音の ŏ, ô, û に終わる音節は, ポルトガル語におけるように発音される. 即ち, 長音の ŏ は二つの oo のように. 例えば, Minha auŏ, capa de dŏ, Enxŏ, pŏ のように, 口と唇を広げて発音する. 曲音の ô は二つの母音 ou のように. ポルトガル語の meu auô, Bôca, Môcho, Côrpo のように, 唇を丸く合わせ, 口を少し閉じて発音する.（『日本小文典』, f. 12r., マカオ, 1620）

このロドリゲスの記述は, 一見明確のようであって, 実は解釈に迷うところがある. 例えば, 橋本進吉氏は, その著『文禄元年天草版吉利支丹教義の研究』（昭和3年刊）の中で, ロドリゲス『日本文典』の ŏ, ô についての記述の訳文（上記訳文とほぼ同文）を示した上で, 次のように述べておられる.

ŏ は, 右の文に引用せられて居る葡語の例も皆 o の開音であり, 十五六世紀には, これをまた oo とも書いたから……その発音は, 前に推定した通り（岡崎注, [ɔː]）である. ô は合音である事は疑無いが, ロ氏が之を ou であると説明して居るのは, 前に推定した所（岡崎注, [oː]）と多少齟齬するやうに見える. しかし, ロ氏が例として挙げた葡萄牙の ô は単純な合音の o であって, ou ではない. 依つて思ふに, この ou は, ŏ の場合の oo と同じく, 葡萄牙流に発音するのであらう. 葡語では, ou は合音の o に発音する（outro, pouco, ouco など）. さすれば ô の発音は, 前に推定した所と一致するのである.（用語について, 50頁）

橋本氏のこの記述によると,

(1)　ロドリゲスが ŏ の発音について言っている oo と, ô の発音について言っている ou は, ともにポルトガル語の綴字についてのものであり, ポルトガル流に発音する.

(2)　キリシタンの表記における ŏ の音価は［ɔː］であり, ô の音価は［oː］である.

ということになる.

さて，しかるに，この(1)(2)についてはともに異なった見解が提出されている．即ち，(1)については，

> 橋本の「ポ語綴り字説」は成立し難い様に思われる．かと言って，oo や ou をそのまま日本語綴りとするのは，他のイエズス会版本の表記から見て無理である．従って，これは，ça，ço，çu，dzu などと同じく，特に音を示すためにロドリゲスが臨時に作った綴り字（もっとも dzu はロドリゲス自身は正書法に組み入れているが）であり，彼なりの「音声表記」と見るべきものであろう.

という見解があり,[2)] (2)については,

> 「ひろがる」つまり開音は［oː］という長母音をもち,「すばる」つまり合音は［ou］という二重母音をもつ―という考えが最も良いように思うのである.

という見解が示されているのである.[3)] ところで，橋本氏の所説とこれらの見解と，いずれが当を得たものであろうか.

これらを考えるためには，ǒ と ô とに関わる，16 世紀のポルトガル語の表記と音価について見てみることが，まず必要となって来る．そこで，16 世紀のポルトガルを代表する三人の学者―Fernão de Oliveira（1507～1581？），João de Barros（1496～1571），Duarte Nunez do Lião（1528？～1608)―の記述を中心に見てみようと思う．なお，煩雑を避けるために，この三者の著書の必要と思われる部分の拙訳を参考資料として本章の末尾に示すことにした.

2. o grande　と　o pequeno

F. de Oliveira は，ポルトガル語についての最初の文法書 Grammatica da lingoagem portuguesa（1536 刊）の著者として，また，J. de Barros は GRAMMATICA da lingua Portuguesa（1540 刊）の著者として共に有名で

あるが，この両者は，ポルトガル語の母音の発音について，次のような八種のものを認めている．

a, ɑ, ɛ, e, i, oo, o, u. (Oliveira)

á, a, ę, e, i, ó, o, u. (Barros)

Oliveira と Barros は，a, ɛ, oo；á, ę, ó をそれぞれ grande〈大〉とし，ɑ, e, o；a, e, o をそれぞれ pequeno〈小〉として，「a」「e」「o」の発音にそれぞれ二種のものを認めた点では一致しているものの，用字法の上では違いを見せる．即ち，Oliveira がラテン語のように a, e, i, o, u の五つの母音文字ですまそうとするのに対して，Barros は八つの母音文字総てを自著の GRAMMATICA における表記に使い，しかもそれを正書法として確立させようと望んでいたのであった．(参考資料 A-1，B-1，B-2 参照)

ORTHOGRAPHIA DA LINGOA PORTVGVESA（1576 刊）の著者である D. Nunez do Lião は，ギリシャ語の omega（ω，大きい o；長音の o）と omikron（o，小さい o；短音の o）に倣う，この grande と pequeno の区別に批判的であり，ポルトガル語の母音としては a, e, i, o, u, y の六つしか認めない．[4)] 彼は o（a, e も）の長 longo，短 breue は本質とは関わりのない偶有のものであると見，grande，pequeno の発音上の違いもアクセントによるものと見ている．(C-1～C-5 参照)

3. 広い o と狭い o

Oliveira のポルトガル語の発音についての観察は，当時にあっては優れたものと言うことができると思われるが，o については，次のように言っている．

> この o pequeno の字形は大樽の弧のように全く真ん丸であり，その発音もまさにそのようにする．即ち，口の中を丸くし，唇を丸くすぼめるのである（a sun pronunçiação faz isso mesmo a boca redonda

dentro e os beiços encolhidos em redondo.). ……この o grande は, o pequeno と同じ発音をするが, より力強く, より多く呼気を伴う. そして, とにかく, (a, e を含めた) これらの grande の母音文字は, pequeno の母音文字に比べて口の動きが幾分大きい (tem a mesma pronunçiação com mais força e espirito : e todauia estas letras vogaes grandes fazem algum tanto mays mouimento na boca que as pequenas.). (A-2 参照)

grande の方が pequeno に比べて「より力強く, より多く呼気を伴」い,「口の動きが幾分大きい」というこの記述には, 直接 o の広狭に触れるところはないが,「口の動きが幾分大きい」という書きぶりなどから見て, grande の方が pequeno に比べて口の開きが広い, と考えてよいように思われる.

Barros の GRAMMATICA には, この o の広狭についての記述は見当たらないが, Nunez do Lião の ORTHOGRAPHIA には, 次のように述べられている.

ギリシャ人の ω のような grande と, o micron のような pequeno の二つがあると言う人たちがそう主張する訳は, 我々が, o という文字を, 或る位置では口を大きく開け, 大きな隙間を作って発音し, また或る位置ではそれに比べて隙間を非常に小さくして発音する (em hũs lugares a pronunciamos com grande hiato, & abertura da bocca, & em outros com muito menos,) という, 発音上の違いを観察することから来ているのである. (C-4 参照)

このほかにも, grande と目される modo, coruos の第一音節の o について,「口の開きはより大きくて (com a bocca mais aberta)」と言い, pequeno と目される ouo の第一音節の o について,「口の隙間はより小さくて (com menos hiato de bocca)」と言うなど, o の口の開きの広狭について明確に述べている (C-7 参照). これらによって, 16 世紀のポルトガル語の o に口の開きの広い o と狭い o があったことは, 疑う余地のない

ことと言うことができるであろう.

4. アクセントと oo の表記

Oliveira は，アクセントについて，

> 語の主たる音 voz 或いは音調 tom であり，或る言語の語に形 forma と旋律 melodia を与える役を果たす.（cap. XXVIII）

と言い，aluara，eyxoo,[5] chaminɛ などのように，末尾に grande の母音を持つ語はその母音にアクセントを持っている，と言っている.（A-4 参照）

Barros については，関係詞（目的格男性指示代名詞）の o にアクセント符 espirito をつけて ô の形にして，同じ o pequeno である男性定冠詞 o と区別しようとしていることが目を引くくらいであり，ほかにはさしたる記述は見られない.（B-4 参照）

これに対して，Nunez do Lião は，アクセントを説くのに熱心である.

> アクセントは鋭 agudo アクセント，重 graue アクセント，曲 circumflexo アクセントの三つである．鋭アクセントは音をより高くする（leuanta mais a voz）ものであり，á の形をとる．重アクセントは低くする（abaxa）ものであり，à の形をしている．曲アクセントは両方に関わるものであり，â の形をとる.（C-10 参照）

のように，高低アクセントの三種類のものを認めるが，これはほぼギリシャ語のアクセントの区別と同じである．尤も，当時，曲アクセントについては，解説されたものなどもなく，分かりにくかったようである.（C-5, C-6 参照）

一方，o を重ねて oo と書く表記法は，アクセントと密接な関係にあると見られる.

Oliveira の Grammatica では，oo は，特に発音を示す必要のある場合に使うだけであり，従って，oouos（cap. XII），fermoosos（cap. XVIII），eyxoo（cap. XXIX），suoor（cap. X LIV）が見られる程度であるが，Barros

も，oo と書くことには賛成ではない．それで，次のように述べる．

> 今まで我々の文書には，grande と呼ぶこれらの異なった字形（á，ę，ó）は使って来なかった．仮令，発音においてそれに気付いても，Maas，pees，poos という語のように，ラテン文字を aa，ee，oo と二重に重ねて，grande を使うところに充てて来た．この二字を重ねる方法は……ラテン人も時々やっているものの，彼らの場合，それぞれの母音が一つの音節を成している．我々は二つの母音が単一の音節を成すことを望んでいるのであるが，そのラテン人のやりかたでは，二重母音でないが故に，無理である．（B–2 参照）

そこで，Barros は，ó grande を使って，Mó，enxó などのように書くことになる．（B–3 参照）

Nunez do Lião は次のように言う．

> 多くの人が，複数のこのことばを二つの o で書いて，oouos と記しており，また，poouos や oolhos，その他これと同じ性質のものは，同じように記しているのである．（C–4 参照）
>
> 二つの母音の間の子音が脱落しでできた縮約形の名詞は，o を重ねる．例えば，nodo から d が落ちて noo となり，mola，solo から l が落ちて moo，soo となり，ラテン語の puluere から poluo，poo となり，noctiuolans から noctiuoo となるように．（C–9 参照）
>
> これら以外の名詞においても，この文字は，最後の音節が長くて鋭アクセントを持っていることを示すために重ねられる（A qual letra se dobra em outros para denotar a vltima syllaba ser longa, & teer o accento agudo.）．……長母音であることを示すために，文書の中で重ねて書くことが認められているからである．それで，我々もまた，enxoo，eiroo，ilhoo，ichoo，traçoo，malhoo，auoo と書くが，これは末尾に o があって，そこに鋭アクセントを持っている語の場合に限られる．（C–9 参照）

Barros 及びこの Nunes do Lião の記述によって知られる通り，縮約さ

れて成った oo は勿論，o grande 或いは鋭アクセントを持つ o についても oo と書くことはよくあったことであり，特に語末にあっては古くから認められていることだったのである．

なお，この oo については，Jeronymo Cardoso（？～1569）の羅葡・葡羅辞典（DICTIONARIVM LATINO LVSITANICVM ET VICE VERSA LVSITANICO LATINVM，Lisboa，1592）には，

Auoo（16r.），Eiroo（38r.），Filhoo（48r.），Ichoo（52r.），Ilhoo（52r.），Noo（61v.），poo（67v.），soo（77v.）.

などのような用例を見出すことができる．

ところで，注目されることは，先に示したロドリゲスの『日本文典』及び『日本小文典』に，ヒロガル ŏ の語例として挙げられている，

auŏ，dŏ，enxŏ，filhó，ilhó，nó，pó（小文典は pŏ）.

の七語の中の六語が，この Nunez do Lião と Cardoso の記述の中に，

auoo，enxoo，filhoo，ilhoo，noo，poo.

のように，oo の形で見られることである．残る一語の dŏ についても，例えば，ポルトガル語辞書に，

Doo，ant. e obsol. V. Dó.〈Doo，古語で，廃語，Dó，を見よ〉（Francisco Solano Constancio，NOVO DICCIONARIO CRITICO E ETYMOLOGICO DA LINGUA PORTUGUEZA，Paris，1836）

Dòo，（ant.）O mesmo que Dó.〈Dòo.（古語）Dó に同じ〉（Antonio de Moraes Silva，DICCIONARIO DA LINGUA PORTUGUEZA，8ªed.，Lisboa, 1889）

などのように記されていることから見て，古語で doo と書かれたことは，疑う余地のないところであろうと思われる．

5. ou について

ou についての記述は少ない．Oliveira も Barros も Nunez do Lião も，

ともにouを二重母音diphthongoとして認めているのであるが（A-3，B-1，C-8参照），その中で注目されるのは，Nunez do Liãoが，

couro, louro, touro, pouco, rouco.

のように第一音節にouのある二音節名詞について，

Fôgo, fôrno, ôsso, ôlho, pôuo, pôrco.

などと同じように，その第一音節が曲アクセントであると述べていることである（C-8参照）．ôと或る種のouとが曲アクセントという点で軌を一にする，というこの記述は，ロドリゲスが『日本文典』で，「スバルôの発音法は，ほぼouと書かれているかのようである」と言っていることを想起させて，興味深いものがある．

また，Oliveiraが，動詞serの直説法一人称単数現在形souのouを，地方によって（或いは人によって），ou，o，om，ãoと異なった発音をしていたことを書きとめている（A-5参照）のもおもしろいが，これは，あくまでも特殊な場合のものであって，ou一般に関わるものではなかったであろうと思われる．なお，ポルトガルの中南部で二重母音［ọu］が［ọ］へと変化するのは17世紀のことと考えられているようである．6)

結

ここで，初めに掲げた(1)と(2)についての問題に戻る前に，少し視点をかえて，ロドリゲスの著した『日本文典』（『日本小文典』でもよいが）の読者のことを考えてみたい．

ロドリゲス自身がその序文に記しているように，この書の執筆目的は，ヨーロッパやインドから来るパードレやイルマンたちが日本語を容易に学習することができるようにし，同時に日本語を教える規則・方式をできるだけ平明に説明することであった．周知のように，渡来するキリシタンには，ポルトガル人が多かったが，イタリア人やスペイン人などもいた．つまり，ポルトガル語を母国語とする人たちと，そうでない人たちとがいた

のである．

ところで，そういう人たちを読者に想定した時，日本語の微妙な発音の差異をどう説明すればよいか，ということになる．その場合，恐らく，ラテン語を学んで来るようなキリシタンなら，誰でも（ほぼ）分かるはずの平明な説明と，ポルトガル語に堪能な人たちに向けた，ポルトガル語を利用した説明とを併記するのではないか，と思われる．

(Ⅰ) ŏの発音法について

さて，『日本文典』の問題になる部分を補足を加えて訳し直すと，次のようになる．

> ヒロガル ŏ の発音法は，丁度我々がそれ（ŏ）を二つの oo で書いてあるかのように発音するのである．例えば，Xŏ は Xoo，Tŏ は Too と書いてあるかのように発音するのである．

この場合の「書いてある（escreuesemos）」の主体は一人称複数の「我々」であって，「私」ではない．従って，語法上から言えば，oo は，私ロドリゲスの綴字ということにはならない．尤も，英語などと同様に，著述家などが「私」の代りに「我々」を使うこともあるようであるが，[7]しかし，この場合は，無理である．なぜなら，既に見たように，ロドリゲスの挙げる auŏ，enxŏ，nŏ，pŏ など総て，「我々」ポルトガル人が auoo，enxoo，noo，poo などのように書いていたのだから，[8]「我々」を「私」の意味で使う意味がないのである．ともかく，oo と書かれれば，すぐ下に出て来る ou との対比からも，渡来のキリシタンたちは，（ほぼ）正確に音価を知り得たのではないかと思われる．ロドリゲスの挙げる auŏ，enxŏ などのポルトガル語の例は，主としてポルトガル人向けのものと考えてみてはどうであろう，と思うのである．

(Ⅱ) ôの発音法について

これについては，

スバル ô の発音法は，ほぼ ou と書かれているかのように発音するのである．例えば，Xô は Xou，Tô は Tou と書かれているかのように発音するのである．

とある．ここで注目したいのは，「ほぼ（quasi）」という語を用いて説明している点である．これは恐らく，ポルトガル語の ou の音価と日本語の ô の音価との間に，多少の違いがあったためであろう（日本語の ô に対応する語例としてポルトガル語の cousa, outro などを挙げなかったのは，恐らくこの違いのためであろう）．しかし，違いはあっても，ポルトガル人以外の人たちには，ポルトガル語の auô などを示すよりも余程この方が分かり易かったのであろう．この説明に続いて auô（小文典では，Bôca, Môcho，Côrpo も）を挙げているのは，これも，ポルトガル語のよく分かる人向けのものであろう，と思われる．

以上のようなことから，

ロドリゲスの日本語の開合の説明に見られる綴字の oo，ou は，ポルトガル語の綴字に依拠するものであるが，平明さを旨として用いたものである．

ということができるのではないか，と思われるのである．

なお，ŏ，ô の音価については，ポルトガル語の側からはよく分からない．

ŏ は［ǫː］の蓋然性が高いが，ô は［ọː］かも知れないし，［ọu］かも知れない．

ということぐらいが精々のところであろう．

参考資料

A. Fernão de Oliveira. Grammatica da lingoagem portuguesa.（1536）リスボン国立図書館の影印本（Lisboa, 1981）による．なお，「ꝏ」は二つの「o」をぴったりくっつけた活字である．

A-1　我々のことばは類別することができる．そこでまず，ギリシャ人のように母音文字を grande〈大〉と pequeno〈小〉に分けることが必要であるが，決して総ての母音文字についてではない．と言うのは実は，a grande と ɑ

pequeno，ɛ grande と e pequeno，それに ɷ grande と o pequeno もあるが，i と v にはこのような違いはないからである．つまり，我々は，almada のような a grande と ɑlemanha のような ɑ pequeno を持ち，fɛsta のような ɛ grande と festo のような e pequeno を持ち，fermɷsos のような ɷ〈原表記は，o〉grande と fermoso のような o pequeno を持っているのである．こうした事実を知ったら，我々のことばには八つの母音があるものの，五つの字形しかない，ということを認めるはずだ．（cap.VIII）

A-2　この o pequeno の字形は大樽の弧のように全く真ん丸であり，その発音もまさにそのようにする．即ち，口の中を丸くし，唇を丸くすぼめるのである．oo grande の字形は，真ん中に鼻のある二つの頬のようでもあり，或いは，両方がくっついた二つの ɷ のようでもある．これは，o pequeno と同じ発音をするが，より力強く，より多く呼気を伴う．そして，とにかくこれらの grande の母音文字は，pequeno の母音文字に比べて口の動きが幾分大きい．（cap.XII）

A-3　文法家たちは，Ditongo〈二重母音〉もまたギリシャ語であると言う．即ち，二重になった音を意味して言うのである．一呼気で出す音声，即ち音節で，そこに二つの母音があるものと思えばいい．（略）私がポルトガル人の間で見つけた二重母音は，以下のものである．tomae のような ae，pães のような ãe〈原文は，ae〉，pao のような ao，pão のような ão，mãy のような ãy〈原文は，ay〉，tomei のような ei，çeo のような eo，deos〈原文は，d's〉のような eo，meu のような eu，fugio のような io，soe のような oe，caracois のような oi（注），põe のような õe，boi のような oi，dou のような ou，fuy のような ui.（cap. XIX）

（注）　Maria Leonor Carvalhão Buescu の翻字本（Lisboa，1975）では，「carcoisのような oi」の oi を ói としている．

A-4　末尾に grande の母音を持つ語は，aluara，eyxɷ，chaminɛ，guadameçi，peru，calecu，çegu のように，その grande の母音にアクセントを持っている．既に言ったように，i と u は grande の母音に入れられる．（cap. XXIX）

A-5　存在動詞〈sou〉は，或る者はそれを om を用いて som のように発音し，或る者は ou を用いて sou のように，或る者は ão を用いて são のように，また或る者は，私はこれに賛成だが，o pequeno を用いて so のように発音する．（略）私は少年の頃 Evora のサンドミンゴス派の修道院で過ごし

たのだが，そこでBeira(注)で身につけていた音でsomと発音していたものだから，土地の者たちは私を馬鹿にしていた．(cap.XLVII)

(注)　Oliveiraは，リスボンの北280kmにある，Beira地方のAveiroの生まれであると言われる（M.L.C.Buescu, Gramáticos portugueses do século XVI, p,51, 1978)．Evoraは，リスボンの東140kmにある古都市．

B.　João de Barros. GRAMMATICA da lingua Portuguesa. Lisboa, 1540. アジュダ図書館蔵本の写真による．

B-1　これらの二十六の文字は，母音と子音に分かれる．母音は，á, a, ę, e, i, ó, o, uである．これらの文字が母音と呼ばれるのは，他の文字の助けなしに，それぞれがそれだけで完全な音をなすからである．また，これらは，互いに入れかわって，ay, au, ei, eu, ou, oi, uiという七つの二重母音を作る．Ditongosというのは，ギリシャ語の「二つ」の意のdisと「音」の意のpthongosの二語で呼ばれているもので，ほぼ「二重の音」の意である．と言うのは，両方の文字が自らの音を保持しながら，一つの音節を作るからである．(f.40v.)

B-2　我々は，ラテン人から母音を移入したが，そのラテン人は，a, e, i, o, uの五つを持っているだけである．我々は，既に言ったように，八つ持っている．即ち，á grande, a pequeno, ę grande, e pequeno, i comum〈共通のｉ〉，ó grande, o pequeno, u comumである．また，ギリシャ人もカルデア人もこのようにgrandeとpequenoの母音文字を持っていて，それを文書に使っている．しかし，今まで我々の文書には，grandeと呼ぶこれらの異なった字形は使って来なかった．仮令，発音においてそれに気付いても，Maas, pees, poosという語のように，ラテン文字をaa, ee, ooと二重に重ねて，grandeを使うところに充てて来た．この二文字を重ねる方法は，Virgilij, inchoo, cooperio, suus, Anee〈原文は，Aneę〉のように，ラテン人も時々やっているものの，彼らの場合，それぞれの母音が一つの音節を成している．我々は二つの母音が単一の音節を成すことを望んでいるのであるが，そのラテン人のやりかたでは，二重母音でないが故に，無理である．(f.42v. ～ f.43r.)

B-3　このó grandeは二つの役割を持っている．即ち，自分だけで，ó piadoso deos lembraiuos de nós.〈慈悲深い神よ，私どもを忘れないで下さい〉

のように，呼び掛けの間投詞として使われ，また，他の文字と組み合わせて使われる．例えば，Mó. enxó，sóla，móstra などの名詞，nós，uós，nósso，uósso という代名詞，また動詞 fólgo，pósso と，或る時制のこの動詞において．(f.44v.)

B-4　o pequeno は ó grande が果たすようになった二つの職能を失うことになったけれども，それには三つの職能が残っている．まず，それ自身単独で男性冠詞として使われる．冠詞は名詞の勢いを示すものである．また，男性関係詞〈目的格男性指示代名詞〉として使われる．例えば，este liuro sempre andará limpo se ô guardárem bẹm.〈もしよく保存すれば，この本はいつまでもきれいであり続けるだろう〉．そして，語の組み立てに使われる．(略) 関係詞は定まった位置がないから，句の総ての成分の間に見られるが，ô のように上にアクセント符をつけてそれを示すこともできる．冠詞にはそれがない．(f.44v. ～ f.45r.)

C. Duarte Nunez do Lião. ORTHOGRAPHIA DA LINGOA PORTVGVESA, Lisboa, 1576. エヴォラ図書館蔵本の写真による．

C-1　これら (a, b, c, d, e, f, g, i, k, l, m, n, o, p, q, r, s, t, u, x, y, z の二十二) の文字のうち，六つが母音である．即ち，a, e, i, o, u, y が特に母音と呼ばれるのである．これらは，子音の助けがなくても，それだけで発音され，音節を作ることができるからである．(f.2r.)

C-2　A は単純で純粋な母音であるが，我々のものについては，ギリシャ人とラテン人のものについてのように，数に疑いがある．と言うのは，a の付く文字，或いはその占める位置によって，longo〈長〉でも breve〈短〉でもあり得るからである．しかし，a は一つしかない．なぜなら，longo であり，breve であるのは，たまたまそうであるに過ぎないからである．それ自身は，longo でも breve でもなくて，そのいずれでもあり得るのである．(略) grande と pequeno という二つがあると思わせるのは，アクセントによって生ずる，或いはこの母音の付く文字によって生ずる異なった発音に原因がある．つまり，prato のように鋭アクセントを持っている時は，grande のように思われ，prateleiro のように重アクセントを持っている時は，pequeno のように思われるのである．(f.2v. ～ f.3r.)

C-3　世間の人が longo のように思い，もう一方を誤って breve と呼んでいる，その e についての違いを，我々は，(原注，既に a について言い，また，

後にoについて言うように）鋭アクセント，或いは曲アクセントまたは重アクセントの符号を付けて示し，或いは二つのeで記す．(f.6r.)

C-4　スペイン語についてよく知っていてしかも注意深い人の多くが，わがポルトガル語について，ギリシャ語についてと同じように，oの様式にgrandeとpequenoの二通りがあると考えている．しかし，aについて言ったのと同じように，一つの字形しかないし，その本質も一つしかない．他の母音の場合と同様にlongoであるかbreveであるかは，偶有の属性である．ギリシャ人のωのようなgrandeと，o micronのようなpequenoの二つがあると言う人たちがそう主張する訳は，我々が，oという文字を，或る位置では口を大きく開け，大きな隙間を作って発音し，また或る位置ではそれに比べて隙間を非常に小さくして発音するという，発音上の違いを観察することから来ているのである．例えば，ouoという単数のことばについては，その第一音節をo pepuenoで発音しているようであり，複数でouosと言う時は，o grandeのようにそれを発音していると見られるのである．それだから，graveと呼んでいるoの違いを示すために，多くの人が，複数のこのことばを二つのoで書いて，oouosと記しており，また，poouosやoolhos，その他これと同じ性質のものは，同じように記しているのである．(f.14r. ～ f.14v.)

C-5　しかし，文字の音楽（Quintiliano(注)によれば，それを理解するのは弦楽より難しいということである）に要する耳の用意をして，もっと気を付けてこれを聴いてみると，上に述べた違いは，oがgrandeやpequenoであることによるのでもなければ，longoやbreueによるのでもなくて，我々がことばを調律するアクセントによるということに気付くであろう．なぜなら，鋭アクセントである時はoを高くし，曲アクセントである時は，鈍くなるように調律されて，もう一つの重アクセントの音節と殆ど同じ音調になり，両者の違いは，殆ど耳に感じないほど僅かなものとなっているのである．(f.14v.)

（注）　Quintilianoは，紀元1世紀に生きたローマの修辞学者．

C-6　曲アクセントの発音は，（当たっているとしたら）二音節の語で，両方の音節がともにoを持っていて，それ以外の母音がない語にだけ感じられるように思われる．と言うのは，今日この時代には，このアクセントについて書いたものなどは全くないのだし，鋭アクセント或いは重アクセントと比較してどう違うかという点についても知られていないからである．

(f.15r.)

C-7 〈grande も pequeno もないことを納得させる〉もう一つの理由は，次の通りである．我々は，この名詞 ouo の第一音節の音を長く響かせて発音しているけれども，常に，口の隙間はより小さくてその音節の o は低く響く．これとは反対に，modo(注)という語の，或いは複数の coruos という語の第一音節を発音する際には，極短い時間しかかけないけれども，それでいて口の開きがより大きくて，違った風に響くようになるのである．(f.15v.)

(注)　名詞 modo の第一音節は，単数，複数ともに鋭アクセントを持つとされる（f.17r.）.

C-8 そして，我々のことばについて思い当たったのは，この二つの o の違いのある語は，二音節名詞で，第一音節にも第二音節にも o があるものだということである．そういう語については，第一音節に，単数では曲アクセントがあり，複数では鋭アクセントがある場合が多い．例えば，fôgo, fógos；fôrno, fórnos; ôsso, óssos; ôlho, ôlhos; pôuo, póuos; pôrco, pórcos; tôjo, tójos; その他これらと同類の語のように．（略）また，第一音節において，o の後に m 或いは n のある名詞は，単数でも複数でも，総て曲アクセントで発音される．例えば，lombo, momo, tombo, pombo, longo, ponto, conto, dono. そして，第一音節に，二重母音 ou のある名詞も．例えば，couro, louro, touro, pouco, rouco.（f.16r. ～ f.16v.）

C-9 二つの母音の間の子音が脱落してできた縮約形の名詞は，o を重ねる．例えば，nodo から d が落ちて noo となり，mola, solo から l が落ちて moo, soo となり，ラテン語の puluere から poluo，poo となり，noctiuolans から noctiuoo となるように．これら以外の名詞においても，この文字は，最後の音節が長くて鋭アクセントを持っていることを示すために重ねられる．それは，Quintiliano の Instituições Oratorias の第一巻第Ⅵ章と Angelo Politiano(注)の Miscellaneas に従って昔の人がやっていたように，長母音であることを示すために，文書の中で重ねて書くことが認められているからである．それで，我々もまた，enxoo, eiroo, ilhoo, ichoo, traçoo, malhoo. auoo と書くが，これは末尾に o があって，そこに鋭アクセントを持っている語の場合に限られる．(f.46v.)

(注)　Angelo Poliziano（1454～1494）は，イタリアの著述家．

C-10 ことばは音から成っているので，高くて主たるもの（altos，&predom-

inantes）と重くて低いもの（graues e baxos）という違ったアクセントがなくては，当然それを発音することができない．ここで，アクセントというのは，我々が各語の各音節について上げるか下げるかして与えている音調のことである．そして，我々が主たるアクセントと呼ぶものは，各音節の中に一つしかない．そして，この主たるアクセントのある音節を除いてそれ以外は，重アクセントを持っているが，鋭アクセントに関するもののほかは，本来アクセントではない．アクセントは鋭アクセント，重アクセント，曲アクセントの三つである．鋭アクセントは音をより高くするものであり，á の形をとる．重アクセントは低くするものであり，à の形をしている．曲アクセントは両方に関わるものであり，â の形をとる．意味が違うためにアクセントに違いがあるものの，綴りが同じであるため，ほかの語のように見える語が多いので，その違いを示すために，これらのアクセント符を使うことが大切である．ほかに似たもののない語にはアクセント符を使わない方がよい．（f.66r.）

C-11　アクセント符についての知識がないために，その代りに，主たるアクセントのある母音を二つ重ねて，未来形との違いを示すために amaarão, ouuijrão と使い，また，直説法未来で amaraa と使い，希求法現在と接続法不完全過去で amaara などと使う者がいる．と言うのは，我々のことばについては，主たるアクセントを持つ音節の大部分が長音であるからである．それについては o を重ねるものについて既に述べたので，古い例を引く必要はない．しかし，本当は発音しない無用の文字を使わないために，アクセント符で違いを示すのが最も良い方法であろう．（f.67r.）

注

1)　影印本『日本文典』（勉誠社，1976）によると，ilhó, filhó, Nó, pó の四語のうち，ó の鋭アクセント符が分明なのは filhó だけである．しかし，今は，橋本進吉氏などの先学の見解に従って，いずれも ó とした．

2)　豊島正之氏，「『開合』に就て」（国語学，136 集，1984–3）．

3)　川上蓁氏，「アプからオーまで」（国学院雑誌，81 巻 7 号，1980–7）．

4)　ポルトガル語の母音を a，e，i，o，u，y の六つとするのは，Pero de Magalhães de Gandavo の REGRAS QVE ENSINAM A MANEIRA DE ESCREVER E ORTHOGRAPHIA DA lingua Portuguesa（Lisboa, 1574）の方が早い．

5)　José Pedro Machado, DICIONARIO ETIMOLOGICO DA LINGUA PORTUGUESA (3ªed., Lisboa, 1977) によれば, eyxoo は enxoo の古形.
6)　池上岑夫氏,『ポルトガル語とガリシア語—その成立と展開—』(大学書林, 1984, p.128～ p.129 参照).
7)　例えば, A. de Moraes Silva, DICCIONARIO DA LINGUA PORTUGUEZA (2ªed., Lisboa, 1813) の Nós の項には, 著述家が Eu (私) の代りに Nós (我々) と特に言うようである, という意の解説が見られる.
8)『羅葡日辞典』(天草, 1595) にも, Noo (p.493 右), Poo (p.658 右) などが見られる.

(『湘南文学』22 号, 昭和 63〈1988〉年 3 月)

補記

原論文では紙幅の都合で原文を省かざるを得なかったので, 本書では以下に付すことにする. なお, 原文の入力には紙尾康彦氏の手を煩わせた.

可能な限り原文に忠実に翻刻を試みたが, 読者の便も考慮して, 原文中の, 省略符号として用いている「˜ (til)」(たとえば, q の上の til など) を現行のポルトガル語辞書に出ている形にした. また, 特殊な文字 (「pro」を「ꝑ」のように書く場合など) も同様にした.

原文の字体はそれぞれ異なるが, 忠実に写すと甚だ読みにくくなるので, これも読者の便を考慮して同一フォントを用いた. ただ,「a」と「ɑ」,「e」と「ε」と「ę」などのように, 我々が同じ文字として扱うものでも, 文典の中で何らかの違いを表すために用いられていると考えられるものは, 原文に忠実に写した.

原文中には,「.」や「˜」がなければならない所にそれらの見えない場合もあるが, 煩雑になるので「ママ」などという表記をしなかった. ただ, 判別不能の文字や, 誤字・脱字と思われるものには, [　] によって補足・説明を行なった. また, [＝　] もその直前の語を解説したものであり, 原文には存在しないものである.

A-1 (cap.VIII)

Na nossa lĩgua podemos diuidir antes e neçessario que diuidamos as letras vogaes em grandes e pequenas como os gregos mas nã [＝não] ja todas

porque e verdade que temos a grande e ɑ pequeno: e ɛ grande e e pequeno: e tambem ω grande e o pequeno. Mas nã temos assi diuersidade em .i. nem .v. Temos a grande como almadɑ e ɑ pequeno como ɑlemɑnhɑ: temos ɛ grande como fɛsta e e pequeno como festo: e temos o grande como fermωsos e o pequeno como fermoso. E conheçendo esta verdade auemos de confessar que temos oyto vogaes na nossa lĩgoa mas nã temos mais de çinco figuras:

A-2（cap.XII）

A figura desta letra .o. pequeno e redonda toda por inteiro como hũ arco de pipa e a sua pronunçiação faz isso mesmo a boca redonda dentro e os beiços encolhidos em redondo. E a figura de ω grande pareçe duas façes com hũ nariz pello meyo oue dous oos juntos ambos e tem a mesma pronunçiação com mais força e espirito: e todauia estas letras vogaes grandes fazẽ alghũ tanto mays mouimento na boca que as pequenas.

A-3（cap. XIX）

Ditongo dizẽ tambem ser dição grega e quer dizer ou sinifica e diz dobrado sõ: aueis dentender em hũa voz com hũ so spirito ou e sillaba na qual são duas vogaes …中略…. Os ditongos que eu achey antre nos portugueses são estes .ae. como tomae .ae［ママ］. como pães .ao. como pao . ão. como pão .ay. como mãy .ei. como tomei .eo. como çeo .eo. como ds.［＝deos］eu［.eu. か］como meu .io. como fugio .oe. como soe .oi. como caracois .õe como põe .oi. como boi .ou. como dou .ui. como fuy.

A-4（cap. XXIX）

As dições que tem vogal grande no cabo tem o açento nessa vogal grande como aluara. eyxω. chaminɛ guadameçi. peru. calecu. çegu. ja dissemos que .i. e .u. se contão por vogaes grandes.

A-5（cap. XLVII）

……e mais o verbo sustantiuo o qual hũs pronunçiã em .om. como som. e outros em ou.［.ou. か］como .sou. e outros em .ão. como são. e tambem outros que eu mais fauoreço em .o. pequeno como .so. …中略

…. com tudo sendo eu moço pequeno fui criado em são domingos Deuora onde fazião zombaria de mỹ［＝mim］os da terra porque o eu assi pronunciaua segundo que o aprendera na beira.

＊ 4 行目の Deuora は，De euora の意.

B-1（f.40v.）

Estas uinte e seis leteras se pártem em uogáes e consoantes: as uogáes sam, á a ę e i ó o u. Chamanse estas leteras uogáes, por que cada hũa per sy sam aiuntamento de outra fáz perfeita uóz, e trocádamente hũas com as outras fázem estes sęte ditongos. ay, au, ei, eu, ou, oi, ui, Chamanse ditongos destas duas dições gregas, dis, que quęr dizer dous, e pthongos, som, cásy dobrádo sõ, por que ambas as leteras retem o seu sóm, e fázem hũa syllaba.

B-2（f.42v. ～ f.43r.）

Os latinos de quem âs nós reçebemos, tem sómente estas cinquo, a, e, i, o, u. Nós (como ia uimos) temos oito. s, á grande, a pequeno, ę, grande, e, pequeno, i, comum, ó, grande, o, pequeno, u, comum. E a este módo, os gregos e os caldeos tęm leteras uogáes grandes e pequenas: de que usam em sua escritura. Nós tę óra em a nóssa nã usamos desta deferença de figuras, que chamamos grandes. E dádo que â sintamos na prolaçam da uóz, com as latinas dobrádas a este modo, aa, ee, oo, soprimos o lugar onde ellas sęruẽ: como nestas dições. Maas, pees, poos, as quáes deuemos escreuer a este módo. Más, pęs, pós. E esta maneira de dobrár duas leteras fázẽ ás uezes os latinos como nestas dições, Virgilij, inchoo, cooperio, suus, Aneę, mas cada uogál fáz hũa syllaba açerca delles, e nós queremos que ambas as uogáes fáçam hũa só syllaba o que nam póde ser pois nam sam dithongos.

B-3（f.44v.）

Este, ó, grande tem dous ofiçios: sęrue per sy de interieiçã［＝interieição］pera chamár: como ó piadoso deos lembraiuos de nós. E sęrue em composiçám das outras leteras: como, em estes nomes. Mó enxó, sóla, móstra. &c. E em pronomes: nós, uós, nósso, uósso, E uęrbos fólgo, pósso, e isto em algũns tempos:

B-4（f.44v. ～ f.45r.）

O, pequeno ainda que perdeo a pósse de dous ofiçios que sęrue o, ó, grande, ficáranlhe tres. Sęrue per sy só de artigo mascurino, como: o artigo ę denotaçám da força do nome. E sęrue de relatiuo masculino per semelhante exemplo: este liuro sempre andará limpo se ô guardárem bęm. e sęrue em composiçám das dições. …中略… e o relatiuo antre todalas pártes por que nam tem çerto lugár, e tambem ô podemos denotár, com estę espirito em çima a

este módo, ô, que nam tem o artigo.

C–1 (f.2r.)

Destas letras as seis são vogaes .s. a. e. i. o. u. y. Chamãose vogaes per excellencia: porque per si se podem pronunciar, & formar syllaba, sem ajuda das consoantes.

C–2 (f.2v. ~ f.3r.)

A. He letra vogal simplez & pura, & acerca de nos duuidosa na quantidade, como acerca dos Gregos & Latinos: porque pode ser breue, & ser longa, segundo as letras, a que se ajunta, ou o lugar onde cae. E não ha mais que hum .a. porque ser longo, & ser breue, he accidentalmente. Qua elle per si não he longo, nem breue, & póde ser hum, & outro. …中略… E a razão que faz parecer que são dous .aa. hum grande, & hum pequeno, he a pronunciação varia, que se causa dos accentos, ou das letras, a que se ajunta esta vogal. Porque quando teem o accento agudo, parece grande, como em prato, & quando graue, parece pequeno, como em prateleiro.

C–3 (f.6r.)

E a differença, que vai desse e. que aos vulgares parece longo, ao outro, a que erradamente chamão breue, notamos com accento agudo ou circumflexo, ou graue (como teemos dicto do .a. & diremos a diante na letra.O) ou com dous .ee.

C–4 (f.14r. ~ f.14v.)

Mvitos homẽes mui doctos, & curiosos da lingoa Hespanhol cuidarão, que acerca de nos hauia duas maneiras de .o. hum grande, & outro pequeno, como acerca dos Gregos. Mas, como teemos dicto do .a. assi como não teem mais que hũa figura, assi não teem mais que hũa natureza: que ser longo, ou breue, he accidente, como nas outras vogaes. E a occasião que tiuerão, os que dizem, que teemos dous oo. hum grande, como .ω.mega dos Gregos, & outro pequeno como .o. micron, nasceo, de veerem a differença da pronunciação desta letra, que em hũs lugares a pronunciamos com grande hiato, & abertura da bocca, & em outros com muito menos, como se vee nesta palaura, ouo, no singurar, que na primeira syllaba parece, que a pronunciamos com hum pequeno .o. & quando dizemos, ouos, no plural, o pronunciamos de maneira, que parece hum.

o. grande, Polo que para mostrar a differença do .o. que chamão grande, screuem [=escreuem] muitos esta palaura no plural, com dous .oo. dizendo, oouos, & assi poouos, & oolhos, & os mais desta qualidade.

C-5 (f.14v.)

Mas attentando isto mais consideradamente, & com a promptidão da orelha, que a musica das letras requere (que segundo Quintiliano não he menos difficultosa de comprehender, que a das cordas) acharão, que a dicta differença não vem do .o. ser grande, ou pequeno, nem longo, nem breue, mas do accento, com que entoamos as palauras. Porque quando he agudo, leuantamos o .o. & quando he circumflexo, fica entoado de maneira, que fica obtuso, & quasi um sono com as outras syllabas graues, fazendo de hũa syllaba aa outra tam pouca differença, no leuantar, que quasi não o sinte a orelha,

C-6 (f.15r.)

A qual pronunciação de accento circunflexo (se o este he) parece, que soomente sentimos, em as dições de duas syllabas, que em ambas tém .o. & não em outras vogaes. Porque agora nestes tempos, não há noticia algũa deste accento, nem se sabe, em que proporção sta [=está] do agudo, ou graue:

＊曲アクセントについては「circumflexo」「circunflexo」「circũflexo」の形が見られ，そのままにした．

C-7 (f.15v.)

Outra razão há, que ainda que stemos [=estemos] hũ grande spaço, pronunciando, & soando a primeira syllaba deste nome, ouo, sempre o primeiro .o. soa baxo, & com menos hiato da bocca. E pelo contrario, ainda que mui pequeno spaço nos detenhamos, em pronunciar a primeira syllaba desta palaura, modo, ou coruos, no plural, fica logo soando de differente maneira, & com a bocca mais aberta.

C-8 (f.16r. ～ f.16v.)

E o que tenho aduertido da nossa lingoa he, que as dições, em que há esta differença de .oo. são os nomes de duas syllabas, que na primeira, & na segunda syllaba teem .o. Dos quaes muitos teem no singular accento circũflexo, na primeira syllaba, & no plural accento agudo na mesma, como, fôgo, fógos, fôrno, fórnos, ôsso, óssos, ôlho, ólhos, pôuo, póuos, pôrco, pórcos, tôjo, tójos, & outros taes como estes. …中略…

Item se pronuncião com accento circumflexo, assi no singular como no plural, todolos nomes, que na primeira syllaba teem .m. ou .n. dospois do .o. como, lombo, momo, tombo, pombo, longo, ponto, conto, dono. E os que na primeira syllaba teem diphtongo de .ou. como couro, louro, touro, pouco, rouco.

C-9 (f.46v.)

O. Dobrão os nomes contractos, & abbreuiados, a que se tirou algũa consoante do meo de duas vogaes, como, noo, de nodo, onde se tirou o .d. & moo, de mola. & soo, de solo, onde se tirou o .l. & poo, de poluo, & de puluere Latino. & noctiuoo, de noctiuolans. A qual letra se dobra em outros para denotara vltima syllaba ser longa, & teer o accento agudo. Porque para mostrar a vogal ser longa, se permitte, que se dobre na scriptura, como os antigos fazião segundo Quintiliano no lib. I . das instituições oratorias. cap.vj. & Angelo Politiano nas Miscellaneas. Polo que screueremos tambem assi enxoo, eiroo, ilhoo, ichoo,traçoo, malhoo, auoo. E isto soomente nas dições, que teem .o. final, & o accento agudo nelle.

C-10 (f.66r.)

Como as palauras constão de vozes, naturalmente as não podemos pronunciar, senão com differença de accentos .s. hũus altos, & predominantes, & outros graues & baxos. E accento chamamos, o tom que damos a cada syllaba, que em cada hũa dição leuantamos, ou abaxamos. E o predominante, de que tractamos, não he mais que hum em cada syllaba. E tirada aquella syllaba, em que sta o accento predominante, as mais teem accento graue, que propriamente não he accento, senão quanto em respecto do agudo. E os occentos [accentos の誤りか] são tres .s. agudo, graue, circumflexo. Agudo he, o que leuanta mais a voz, & têe esta figura, á. O graue he o que abaxa & he assi, à. Circumflexo he o que participa de ambos, & assi têe a figura, â. E porque muitas dições se parecem com outras, por teerem as mesmas letras, & todauia por serem differentes na significação, teem differença no accento, releua vsar destes accentos, para demonstraçã da differença. Dos quaes nas dições, que n.o [=não] teem outras semelhantes, não deuemos vsar.

C-11 (f.67r.)

Mas algũus ha, que por não teerem noticia dos accentos, em lugar delles, do-

brão as vogaes do accento predominante, & screuẽ, amaarão, ouuijrão, aa differença do futuro, & amaraa no futuro do indicatiuo, & amaara no presente do optatiuo, & preterito imperfecto do subjunctiuo, & assi em os mais. Porque as syllabas, que teem o accento, pela moor [=maior] parte são longas acerca de nos. O que não carece de exemplo dos antigos, como a cima teemos dicto, dos que dobrão .o. Mas o melhor será, notar a differença com os accentos, por não poer letras ociosas, que na verdade se não pronuncião.

第十二章　日葡辞書の和訳について

17世紀初頭にキリシタンたちが編んだ『日葡辞書』(1603, 1604. 長崎コレジオ刊. 以下,『日葡』と略称）は，中世を中心とする日本語の研究には欠かせない好個の資料であり，その和訳本『邦訳日葡辞書』(1980. 以下,『邦訳』と略称）は，世に汎く重用されるところとなっていて，かく言う私どもも常日頃その恩恵にあずかっている．しかし，時としてその訳文に疑念を抱くことがないわけではない．

そこで，本章では，それらのうちの少々について私見を述べることにしたい．

I

『日葡』では，

(1)　Yama. *Monte, ou mato.*

〈邦訳〉ヤマ（山）　山，または，山林．

(2)　Sara. *Bacio, ou salseira.*

〈邦訳〉サラ（皿）　大皿，または，食卓用ソース皿〔小皿〕.

(3)　Fana. *Rosa, ou flor.*

〈邦訳〉ハナ（花）　花．

などのように，接続詞 *ou* を用いて複数の語義を並べることが多いが，その際の一つ一つの葡語についての訳文に問題を感じることがある．ここでは，上の(1)～(3)について，葡語に関する古辞書などを用いて私見を述べてみたいと思う．

（1）の *monte, mato* について

Bluteauの葡羅辞書（1712～1728）は葡国最初のまとまった辞書であるが，それによると，monteとmatoはそれぞれ，

○　MONTE.　Terra, ou penedia muito mais alta, que o nivel ordinario da terra.

〈大地の普通の地平に比べて非常に高い土地・岩の重なり.〉

○　MATO.　Multidão de plantas agrestes, espessas, & baixas.

〈背の低い茂った野生の植物の多い所.〉

となっている．なお，このBluteauの辞書を改訂したMoraesの葡語辞書（1ªed.,1789）のMATOの項では，上記後部のespessas, & baixas〈背の低い茂った〉の部分が削除されている．また，一方，『羅葡日対訳辞書』（1595. 天草コレジオ刊）は複数形matosに「サンリン〈山林〉」（p.804-R.）を当てている．これらのことからみると，結局，葡語のmonteは，草木の繁りそうにない富士山山頂付近や，花崗岩でできたモン・ブランMont Brancの山頂のような状態の所などをいう語，matoは草木の繁った山林をいう語，ということになろう．したがって，(1)は，

①　ヤマ（山）　非常に高い土地・岩地．山林．

とでも訳すことになると思われる．

（2）の *bacio, salseira* について

Bluteauの辞書は，bacioとsalseiraについて，

○　BACIO.　Bacîo. Servidor. Vaso para despejo do corpo.

〈寝室用小便器．排便用の器.〉

○　Bacio.　Na Provincia de Tralosmontes chamão ao prato, *Bacio.*

〈Tras-os-montes　地方（葡国東北部）では皿を *Bacio* と呼んでいる.〉

○　SALSEIRA.　O Pratinho, que se põem na mesa com salsa pizada.

〈擣き砕いたパセリを入れて食卓に置く小皿.〉

と記し，Moraes 1ª は，それぞれについて，

○　BACIO, Prato còvo, fundo.

〈深く凹んでいる皿.〉

○　SALSEIRA, Vaso, em que se traz a salsa á meza.

〈パセリを入れて食卓に持ってくる器.〉

と記す．なお，FORMAR の百科事典（1967）は，SALSA の項に，日本の三葉に似たパセリの挿絵を載せている．

Salseira についての，その後の辞書の記述について言えば，Moraes 2ª, 3ª は 1ª の記述をそのまま継承しているが，Moraes 4ª（1831）になると，1ª と同じ記述のほかに，

○　galhetas d'azeite, e vinagre para molhos que se fazem com elles na mesa.

〈食卓でソースを作るのに使う油と酢を入れる小壜.〉

を加えている．また，Constancio の葡語辞書（1836）は，

○　vaso em que se servem na mesa os môlhos ou salsas.

〈ソース，またはパセリを入れて食卓に出す器.〉

とするが，Cunha の葡英辞書（1840）は，

○　a saucer, a small dish to hold sauce.

〈ソース入れ．ソースを入れる小皿.〉

とし，Lacerda の葡英辞書（1871）は，

○　a sauce-boat, a small vessel for holding sauce.

〈舟形ソース入れ．ソースを入れる小さい容器.〉

としている．その後，Aulete の葡語辞書（1881）が，その語義を，

○　galheta em que se servem os môlhos á mesa.

〈ソースを入れて食卓に出す小壜.〉

としているところからみると，salseira は，Bluteau のいう「パセリ用の小皿」から 150 年ほどで，「ソース用の小壜」に転身したことになる．これらの記述から，(2) については，

② サラ（皿） 深く凹んだ皿．搗き砕いたパセリを入れて食卓に出す小皿．

とでもするのがよいと思われる．

（3）の *flor*，*rosa* について

『邦訳』は，上記の「ハナ（花）」の項に，

○ flor は花の総称．rosa はばら類の花をさすが，本書では，上のように flor と並べて，または，単独で花一般をさすのにも普通に用いている．

のような注記を付しているが，Bluteau の辞書には，

○ FLOR. Flôr. Botaõ aberto, que brotou de arvore, ou planta, & ao pé do qual sahe fruto, ou semente.

〈樹・植物にできた蕾の開いたもので，その付け根に果実・種がなる．〉

○ ROSA. Flor conhecida. …… He tres especies de rosas domesticas, que saõ as brancas, as roxas, & as vermelhas.

〈よく知られた花．……家に植える薔薇には，白と紫と赤の3種のものがある．〉

とある．一方，『羅葡日』では，Rosa に「イバラシャウビノ　タグイ〈茨薔薇ノ類〉」（703–L）を当て，rosas に「シャウビ〈薔薇〉」（703–L）を当てている．

上の Bluteau の記述からみて，『邦訳』の注記の中に見られる「flor は花の総称」という記述は正しいものと思われる．また，rosa は葡国でもよく知られた花であることや，『羅葡日』で rosas に「シャウビ〈薔薇〉」を当てていることなどから，(3) については，

③ ハナ（花） 薔薇の花．草木の花．

とするのがよいと思われる．

なお，『邦訳』は上に引いた「ハナ（花）」の注記につづいて，

○ なお，上述の flor や rosa と並べて，または，単独で fula, fulla とい

う語も‘花’にあてて用いた例が少なくないが，これはインドで行なわれた葡語で，花一般をさす．

と記している．これは，『日葡』の，

○ Sŏqua. Cusabana. *Flores, ou fulas que nacem deruas.*
　〈邦訳〉サゥクヮ（草花）……．草に咲く花．

○ Fanauo aisuru. *Folgar de ver as flores, ou fullas.*（Aixi, suru, itaの項）
　〈邦訳〉……．花を見て楽しむ．

などに見られるfula, fullaについて述べたものとみられるが，この語については，Bluteauの辞書（補遺篇）に次のような記述が見られる．

○ Fula. Os Europeos Canarins, estabelecidos em Goa, chamaõ fula a flor. O champeira, e mogarim saõ fulas, que cheiraõ a jasmim.
　〈(インドの）ゴアの周辺に住むヨーロッパ系の村人たちは，花をfulaと呼んでいる．ジャスミンのような香りのするchampeira（金厚朴の花？）とmogarim（白いカーネーションのような花）がfulaである．〉

また，Lemosの百科事典（ca. 1910）は，fulaについて，葡国領インドで白いアンジェリカangelica brancaをさす語とし，葡国人はこの花の優雅さ，味わい，香りを好む，と記している．

上記のように，『日葡』で，「花ヲ愛スル」の「花」に一般称のflorと共に，このfula（fullas）を当てているのは，あるいはこのような葡国人の嗜好が関係しているのではないか，とも考えられる．そういうわけで，「fula, fullaという語も……花一般をさす」とする『邦訳』の注記も疑わしいところがあるということになる．

なお，Constancioの辞書（1836）によれば，fulaの語源は花を意味するサンスクリット語のPhulaであるという．

Ⅱ

ここでは，Ⅰと同じように接続詞 *ou* を用いて語を並列してある構文のもので，その後に関係する語句を伴っているものについて，少々論じてみたいと思う．葡語の接続詞 ou は，並列させる語・句の最終のものの前に置くのが通例であるので，

1）Niuatori. *Gallinha, ou gallo.*

〈邦訳〉ニワトリ（鶏）　雄鶏，または，雌鶏．

2）Saqebi, bu, ôda. *Gritar, bradar, ou prãtear.*

〈邦訳〉サケビ，ブ，ゥダ（叫び，ぶ，うだ）　大声で叫ぶ，わめく，または，泣き悲しむ．

のように用いられることになる．もっとも，『邦訳』の訳語についていえば，1）の *Gallinha* は「雌鳥」，*gallo* は「雄鶏」であるので，訳語の順序を前後逆にするのが自然であろう．また，『羅葡日』によれば，2）の *Gritar, bradar, prãtear* に対する日本語はそれぞれ，「ワメク」「大音ヲアグル（大声をあげる）」「泣キ叫ブ」（123-L, 123-L, 198-R）であるので，その順序に並べ替えるのがよいと思われる．

さて，問題になるのは次のようなものである．

(4) Voqiagari, ru, atta.　*Aleuantarse de dormir, ou aleuantarse do chão o que està caido, ou deitado.*

〈邦訳〉オキアガリ，ル，ツタ（起き上がり，る，つた）　眠りからさめて起きる，または，倒れていた人とか，臥していた人とかが地面から起き上がる．

この『日葡』の語義解説文では，一見して，施線部の *de dormir* と *do chão, caido* と *deitado* がそれぞれ対をなしていることが知られるであろう．一方，『日葡』が「倒ルル」を *Cair no chão* とし，『羅葡日』が estar deitado を「イ（寝）ヌル」（338-L）とするところを見ると，上の施線部は内

項どうし，外項どうしが関係していることになり，したがって，(4)の文は，

○　Aleuantarse de dormir o que està deitado, ou aleuantarse do chão o que està caido.

のように書き換えることができることになる．したがって，(4)については，

④　オキアガリ，ル，ッタ（起き上がり，る，つた）　寝ているものが眠りからさめて起き上がる．倒れているものが地面から起き上がる．

とするのがよい，ということになる．

(5)　Asami.　*Vao, **ou** lugar baixo do mar, **ou** do rio.*

〈邦訳〉アサミ（浅み）　浅瀬，すなわち，海や河の浅い所．

『日葡』で「カワセ（河瀬）」を *Vao de rio* とするところからみると，この文も，内項どうし，外項どうしが関係しているものと考えられ，その点で上の(4)の文と同じ構文のものであるということになる．したがって，この(5)については，

⑤　アサミ（浅み）　河の瀬．海の浅い所．

と訳すことになる．

なお，『邦訳』で初めの方の ***ou*** を「すなわち」と訳している点についていえば，なるほど，『日葡』には，

○　Saxigatana.　*Catana, ou espada de Iapão.*

〈邦訳〉サシガタナ（差刀）　刀（*Catana*），すなわち，日本の刀剣．

のような用例（相手にとって分かりにくいことばを，別のことばに言い換えて説明するもの）があることはあるが，稀であるように思われる（なお，訳語の「日本の刀剣」は「日本の espada（剣）」としたいところである．『日葡』は「刀剣」を *Catana, & espada* とし，「剣」を *espada* としているからである）．

(6)　Ai. i. Auai, l, ma. ……¶ *Item, Representação do auto, **ou** espaço em que as figuras se vestem, **ou** se està contando o que se ha de representar.*

〈邦訳〉アイ（間）　Auai. 1, ma（あはひ．または，間）に同じ．……¶ また，演劇〔能〕における演技，すなわち，役者が衣装

をつけている合間，次に演じられるはずの事が物語られている合間の演技〔間狂言〕.

これも内項どうし，外項どうしが関係していて，

○　Representação do auto em que se està contando o que se ha de representar, ***ou*** espaço do auto em que as figuras se vestem.

のように書き換えることができると考えられる．一方，文中に用いられている主な語の意味については，『日葡』が「言イ立テ」に *representação* を当て，『羅葡日』が figuras do auto に「能ヲスル者」（578–L），contar historia に「言イ述ブル」（481–R），representar に「見スル」（692–L. 原文 Nisuru は Misuru の誤り）を当てるところから，「アイ」のこの部分の語義は，

⑥　アイ（間）……¶ また，これから見せることになっているものが申し述べられている，能の口上．演じる者が衣装をつける，能の合間.

ということになると思われる.

(7)　Iytate. ……¶ *Item, Prologo,* ***ou*** *representação que se faz no principio dalgum auto,* ***ou*** *historia que se representa, dando noticia do que se ha de representar.*

〈邦訳〉イイタテ（言ひ立て）……¶ また，演劇〔能〕や物語の初めに，これから演じられる内容を知らせるために行われる前口上，または，演技.

これも，上と同様に，*Prolgo* と *historia, reprsentação* と *auto* が関係しているとみられるところから，

⑦　イイタテ（言ひ立て）……¶ また，これから見せることになっているものについて知らせるために，物語・能の初めに述べる序・口上.

とでも訳せばよいということになろう.

さて，葡語の接続詞 ou は並列させる語句の最終のものの前に置くのが通例であるということは，この第Ⅱ節の初めに用例によって示したとおりであるが，しかし，時々，

(8)　Taxin. ……*Item, Coração de tredo,* ***ou*** *inimigo,* ***ou*** *desleal.*

〈邦訳〉タシン（他心）……また，裏切りの心，あるいは，敵対する心，または，不信実な心.

などのように，ou が並んで出てくることがある．このような場合は，ou の前後の二つの語句（原則的には前の ou の前後の語句）が近縁のものであって，先に結び付いてまとまり，そのまとまったものが他の語句と並列されるという場合が多い．この(8)の用例についていえば，まず *tredo* と *inimigo* がまとまるということになるのである．したがって，このような場合は，

⑧　タシン（他心）……また，反逆心，敵対心；不誠実な心.

のように，［；］を使って区別を示すのも一つの方法であろうと思われる．なお，『日葡』は「ムホンジン〈謀反人〉」に tredo，「カタキ〈敵〉」に *Inimigo* を当て，『羅葡日』は desleal に「約束ヲ違ユルモノ」(371-R) を当てている．

(9)　Yeqifacuji. *Feiticeiro,* ***ou*** *adeuinho,* ***ou*** *astrologo que conhece das conjunções das estrelas em que hum nace, & o que lhe ha de acõtecer, &c.*

〈邦訳〉　エキハクジ（易博士）　ある人の生まれた星まわりと，その人が将来出会うべき事柄とに関して予測する呪術者や占師，あるいは，占星者.

この例も，(8)の場合と同様に，まず，*Feiticeiro* と *adeuinho* がまとまることになる．その場合，『日葡』が「オンヤウジ〈陰陽師〉」に *Feiticeiro, ou adiuinho* を当てているのを借りて使うことになる．そして，それが *astrologo*〈占星術師〉と並列されることになるのである．*que conhece* 以下はこの *astrologo* の修飾句である．結局，この(9)については，

⑨　エキハクジ（易博士）　陰陽師．人の生まれた星座の会合によって，その人に起こるはずの事などを判断する占星術師.

となるはずである．「陰陽師」については，『日葡』に別に立項されているので，そこで和訳をすればよいということになる.

Ⅲ

上では接続詞 *ou* を含む語義解説の中に見られる語義・句法を中心に述べてみたが，ここではそれ以外のことに触れて見たいと思う．

⑽　Atoaxi. *Pes traseiros do animal.*

〈邦訳〉アトアシ（後脚・後足）　獣の後足．

⑾　Atoyeda. *Quarto traseiro.* X.

〈邦訳〉アトエダ（後肢）　獣の後足．下（X.）の語．

この「アトアシ」「アトエダ」の二語については，補遺篇に並んで立項されていて，葡語の語義解説が異なっているのに，『邦訳』の訳文は全く同じものになっているという点が不自然である．ただし，⑽の方は，『日葡』に，これと全く同じ葡文を付した「ウシロアシ〈Vxiroaxi〉」が立項されていて，特に問題はない．ただし，後足・後ろ足に当たる葡語が複数形 *Pes traseiros* になっていることには，注意を払った方がよいと思われる．問題は⑾の方に用いられている *Quarto* であるが，これは，Moraes 1ª によれば，

○　QUARTO, ……§ *Hum quarto de carne, de vaca, carneiro, &c.* he huma mão, ou perna até ametade do lombo, na altura, e até meia barriga na largura.

〈QUARTO, ……§牛，羊などの肉の四分の一，これは一本の前脚，または後脚で，高さは腰の真ん中まで，幅は腹の中央までである．〉

ということであるので，結局，この⑽⑾については，

⑩　アトアシ（後脚）　獣の後ろの両脚．

⑪　アトエダ（後肢）　獣の後ろの，腰肉と腹肉のついた一脚．下（X.）の語．

と訳すのがよいということになる．

⑿　Yecŏ. *Remate da oração que fazem os Bõzos, ou colloquio da*

oração.

〈邦訳〉エカゥ（回向）　坊主（*Bõzos*）の行なう祈禱の終わりに読誦するもの，すなわち，対話体の祈り．

この語は仏教語であって，分かりにくいところがあるが，『羅葡日』がremateを「末，果テ」(169-L)，oraçãoを「談義，コトワリ」(531-L)，Fim, e remate da oraçãoを「談義ヲ畢竟シテ言イ果タスコトナリ」(574-L) とし，『日葡』が「僧」を*Bonzo*とするところから，この⑿は，

⑿　エカゥ（回向）　僧がしている説法を言い終えること．説法についての対話．

ということになるのではないかと思われる．もしそうであるとすれば，今年3月，遠戚の（浄土真宗の）法要の際に，読経のあとで説法があり，引き続いて，その説法についての質疑応答がなされたが，『日葡』の編まれた17世紀初頭ごろには，その説法を終えることも，質疑応答をすることも共に「回向」（善根を他にめぐらし及ぼすこと）になるとされていた，ということになる．

最後に，

⒀　Qe. *Risca.* Vt. Qeuo fiqu. *Riscar.*

〈邦訳〉ケ（罫）　罫線．例．Qeuo fiqu.（罫を引く）罫線を引く．

に触れておきたい．

まず，上の引用例の「ケヲ引ク」意を表す動詞riscarについては，『羅葡日』が，その動詞を含む句O riscar cousa escritura, &c.を「書キタルコトヲ消ス」(267-R) としていることが注目される．また，Bluteauはこの動詞について，

○　RISCAR. Apagar. Borrar. Tirar com riscaduras. …… Este verbo quer dizer *Riscar*, pondo muytos pontos sobre cousa escrita.

〈RISCAR. 消す．抹消する．Riscadura（書き物の上に引く線）を引く．……この動詞は，書いたことの上に多くの点を打って消すことをいう．〉

と述べている.

一方，riscar の名詞形 risca について，Bluteau は，

○　RISCA. Tiro de penna, com que fica a escritura riscada.

〈RISCA.　書き物を消すのに使う，ペン書きの線.〉

と述べ，Moraes 1ª は，

○　RISCA, traço, ou rasgo de pena, ou estilo.

〈RISCA, ペン書きの符号．尖筆書きの線.〉

としている.

これらのことからすると，⒀ の項は，

⑬　ケ（毛）　書いたことを抹消するための線や点．例．Qeuo fiqu.（毛ヲ引ク）書いたことを線や点で抹消する.

ということになる.

ところで，この引用例「毛ヲ引ク」の名詞形「毛ヒキ」については，

け‐びき【罫引・計曳】……　②紙などに罫（けい）を引くこと。また、その引いた線。

＊俳諧・毛吹草追加（1647）上「行鴈の文字の計曳（ケビキ）や薄霞〈重供〉」

＊雑俳・柳多留拾遺（1801）巻 10「過去帳の毛引亡者の屋敷わり」……。

（日本国語大辞典 第 2 版，2001）

のように解説されたりするが，この記述では，語義解説と引用例が合わないように感じられる．これを上の⑬のように解釈するとすれば，引用の「文字の計曳」「毛引亡者」など，よく理解されるように思われるが，どんなものであろうか.

以上，『日葡辞書』を利用していて気づいたことの一端を書き綴ってみたが，紙数が尽きたので，筆を擱く.

付けたりを一言．実は，『日葡辞書』をひもとく際にイエズス会パード

レ D. Raphael Bluteau の 10 巻本の葡羅辞書の世話になることが多く，本章でもしばしば引用した．そこで，最後に Bluteau の略歴を紹介しておきたいと思う．

D. Raphael Bluteau. 1638 年，ロンドン生まれ．両親はフランス人．6 歳の時にフランスに渡り，そこで中等教育を終え，1661 年にローマで博士の学位を取得し，聖職に就いた．1668 年にポルトガルに移って，ポルトガル語を学び，偉大な説教者として名声を博した．1680 年からイタリア，フランスなどに滞在．1704 年にポルトガルに帰り，爵位を受けた．当時，最高の学者の一人として世の尊敬を集め，1734 年，リスボンで死去した．（Lemos『ポルトガル百科事典』による）

Bluteau の辞書には様々な事柄が採録されていて，見る者を楽しませてくれる．ポルトガルの Adagio（格言・諺の類）などもその一つである．

Mea vida he a candea, & o vinho he outra mea.

人生の半分はカンテラ，あとの半分はワイン．

A condicão de bom vinho, como a do bom amigo.

良いワインの条件は，良い友の条件のごとし．

などということばに出会うと，20 年前リスボンに 1 年間滞在した折に出会ったワイン好きのポルトガル人の顔が浮かんできて，懐かしくなったり，ふとものを考えさせられたりする．とにもかくにも，教えられることの多い辞書，有難い辞書である．

資料・参考資料

日葡辞書（勉誠社影印，1973．清文堂出版影印，1998）
邦訳日葡辞書（土井忠生・森田武・長南実編著，岩波書店，1980）
羅葡日対訳辞書（勉誠社影印，1979）

Aulete（Francisco Julio Caldas）：DICCIONARIO CONTEMPORANEO DA LINGUA　PORTUGUEZA, 2 vols., Lisboa, 1881.
Bluteau（D. Raphael）：VOCABULARIO PORTUGUEZ E LATINO, 10 vols.,

Coimbra, Lisboa, 1712～1728.

Constancio（Francisco Solano）：NOVO DICCIONARIO CRITICO E ETYMOLOGICO DA LINGUA PORTUGUEZA, Paris, 1836.

Costa e Sá（Joaquim José da）：DICCIONARIO PORTUGUEZ-FRANCEZ-E-LATINO, Lisboa, 1794.

Cunha（Augusto José da）：DICTIONARY OF THE PORTUGUESE AND ENGLISH LANGUAGES, London, 1840.

FORMAR：DICIONÁO ENCICLOPÉDICO ILUSTRADO, 9ª ed., 6 vols., São Paulo, 1967.

Lacerda（D. José de）：A NEW DICTIONARY OF THE PORTUGUESE AND ENGLISH LANGUAGES, Lisboa, 1871.

Lemos（Maximiano）：ENCYCLOPEDIA PORTUGUEZA ILLUSTRADA DICCIONARIO UNIVERSAL, 11 vols., Porto, ca. 1910.

Michaelis（H.）：NOVO DICIONÁRIO DA LÍNGUA PORTUGUESA E INGLESA, New York, 1945.

Michaelis（H.）：A NEW DICTIONARY OF THE PORTUGUESE AND ENGLISH LANGUAGES, New York, 1945.

Moraes（Antonio de Moraes Silva）：DICCIONARIO DA LINGUA PORTUGUEZA, 1ª ed., 2 vols., Lisboa, 1789.

Moraes（Antonio de Moraes Silva）：DICCIONARIO DA LINGUA PORTUGUEZA, 2ª ed., 2 vols., Lisboa, 1813.

Moraes（Antonio de Moraes Silva）：DICCIONARIO DA LINGUA PORTUGUEZA, 3ª ed., 2 vols., Lisboa, 1823.

Moraes（Antonio de Moraes Silva）：DICCIONARIO DA LINGUA PORTUGUEZA, 4ª ed., 2 vols., Lisboa, 1831.

Moraes（Antonio de Moraes Silva）：DICCIONARIO DA LINGUA PORTUGUEZA, 5ª ed., 2 vols., Lisboa, 1844.

Moraes（Antonio de Moraes Silva）：DICCIONARIO DA LINGUA PORTUGUEZA, 6ª ed., 2 vols., Lisboa, 1858.

Moraes（Antonio de Moraes Silva）：DICCIONARIO DA LINGUA PORTUGUEZA, 7ª ed., 2 vols., Lisboa, 1877, 1878.

Moraes（Antonio de Moraes Silva）：DICCIONARIO DA LINGUA PORTUGUEZA, 8ª ed., 2 vols., Lisboa, 1890, 1891.

Moraes (Antonio de Moraes Silva) : DICCIONARIO DA LINGUA PORTUGUEZA, 9ª ed., 2 vols., Rio de Janeiro, 1922. (2ª ed. の Fac-simile. 標題紙1葉を新たに付加. ブラジル独立百周年記念出版)

Morais (Antonio de Morais Silva) : GRANDE DICIONÁRIO DA LÍNGUA PORTUGUESA, 10ª ed., 12 vols., Lisboa, 1949〜1959.

Roquete (José Ignacio) : NOUVEAU DICTIONNAIRE PORTUGAIS-FRANÇAIS, Paris, 1841.

Valdez (Manuel do Canto e Castro Mascarenhas) : DICCIONARIO ESPAÑOL-PORTUGUÉS, 3 vols., Lisboa, 1864〜1866.

(『国学院雑誌』102巻11号, 平成13〈2001〉年11月)

第十三章　日葡辞書の Vqevô の語義
——ficar deuendo の訳語について——

序

天草版『伊曽保物語』（天草，1593）に，

「コノ羊，犬ノ小麦ヲ請ケ負ウタ（vqevôta）コト必定ヂヤ」（犬ト羊ノコト）

とある Vqevô について調べていて気づいたこと少々を，覚書としてここに記すこととする．

1. ficar について

『日葡辞書』（1603，1604．長崎コレジオ刊．以下，『日葡』と略称）で Vqevô を引くと，次のようになっている．

Vqevoi, ô, ôta. *Deuer, ou ficar deuendo.*

次に，『邦訳日葡辞書』（1980．以下，『邦訳』と略称）のこの条を引いてみると，

義務を負う，または，責任をもって引き受ける．

と訳されている．この ficar deuendo の訳にあたる「責任をもって引き受ける」が問題である．

まず，ficar を「引き受ける」と訳すことが問題になる．大武和三郎氏の『葡和新辞典』（昭和 12 年）で ficar を引いてみる．確かに，

——por alguem．某の保証をする，引受ける．

とある．以前，暇にまかせて，この大武氏の辞典（第 1 頁）の aba について調べてみたことがあるが，その折にこの aba の条の引用例は，

1．Francisco Julio Caldas Aulete, Antonio Lopes dos Santos Valente, DICCIONARIO CONTEMPORANEO DA LINGUA PORTUGUEZA, Lisboa, 1881.

2．Antonio de Moraes Silva, DICCIONARIO DA LINGUA PORTUGUEZA, 8ª ed., Lisboa, 1890 (vol. Ⅰ), 1891 (vol. Ⅱ).

3．Maximiano Lemos, ENCYCLOPEDIA PORTUGUEZA ILLUSTRADA DICCIONARIO UNIVERSAL, 11 vols., Porto, ca.1910.

のいずれかにその源があるように見受けられたので，この ficar についても引いてみると，

1．*Ficar* por alguma pessoa, abonal-a, responder por ella, confiar n'ella:

2．Afiançar：*v. g. eu lhe* fico,……*eu fico* por elle.

3．*Ficar por alguma pessoa,* Abonal-a, responder por ella. confiar n'ella.

とあって，ficar は，普通，前置詞 por を伴って，「保証する」の意を表すということが分かる．また，『日葡』にも，

Vqenin. *Fiador, Vt,* Vqeninni naru. l, tatçu. *Ficar por fiador.*

とあり，「請人になる，立つ」とこの ficar por との関係を知ることができる．さて，ここで，『日葡』の ficar deuendo (deuendo は動詞 deuer の動名詞〈gerúndio〉) の ficar の訳に ficar por の訳をそのまま使ってよいのだろうかという疑懐が生じてくることになる．

そこで，Augusto José da Cunha の葡英辞典 (DICTIONARY OF THE PORTUGUESE AND ENGLISH LANGUAGES, London, 1840) を調べてみる．この辞典は，外国人向けのものだけあって，親切に出来ていて，Ficar の条に，

ficar devendo, to remain in one's debt, to owe still.

とある．念のため，D. José de Lacerda の辞典 (A NEW DICTIONARY OF THE PORTUGUESE AND ENGLISH LANGUAGES, Lisboa, 1871) に当たってみると，FICAR の条に，

—— *devendo,* to stand in one's debt, to owe still.

とあるのが分かる．これは，上の Cunha の語釈の remain を stand に置き換えただけのものであるが，それでも，二書にこう書かれていると心強い．ficar deuendo というのは，

人に借りがある．依然として借りている．

ということだったのだ，これで，何とか，『伊曽保』の例も「小麦を借りたこと」となって，落ち着く，『日葡』の Vqevô の条の和訳も一段落だ，と最近まで思い込み，納得していたのである．ところが，つい最近のことであるが，あれは違うのではないか，と思うようになってきたのである．Vqevô（請け負ふ）という動詞に対して，「—がある」「—ている」という語釈を当てるのは不自然ではないか，不自然だから，『邦訳』は，「責任をもって引き受ける」と訳しておられるのではないか．ふと，こう思うようになったのである．

こうなると，18 世紀以後の葡語辞典（あるいは，イエズス会の Padre の D. Raphael Bluteau の編んだ VOCABULARIO PORTUGUEZ E LATINO〈8 vols., Coimbra, Lisboa, 1712〜1721〉などが古いものであろう）にはあまり期待ができなくなってくる．したがって，これから先は，『羅葡日辞典』（天草，1595. 以下，『羅葡日』と略称する）や『日葡』を含めた，16 世紀頃の資料に直接当たる必要があるように思われてくる．

2. 16 世紀頃の ficar

16 世紀の葡国の著名な羅甸学者 Jeronymo Cardoso の羅葡・葡羅辞典（DICTIONARIVM LATINO LVSITANICVM ET VICE VERSA LVSITANICO LATINVM, Lisboa, 1592）によると，ficar は，

ficar　　Maneo, es. (fl. 48 r.)

のように，Maneo と対置されている．また，この Maneo は，『羅葡日』によると，

Maneo, es. Lus. Ficar, deterse. Iap. Tomaru, nocoritodomaru, tôriŭ

suru.

のように対訳され，さらに，この Maneo に前置詞 inter の接した語 Intermaneo は，

Intermaneo, es. Lus. Ficar no meyo. Iap. Nacani nocoru, yru.

のように対訳されている．また，『日葡』には，

Nocori, u, otta. *Ficar, ou sobejar, & c.*

Tomari, ru, atta. *Deterse, pousar, ou ficar.*

Nocori todomari, u, atta. *Ficar, ou deterse.*

などのように，ficar が用いられている．これらのことから，結局，当時の ficar の中核的な意味は，「残る」「とどまる」などであったと推測されるのであるが，何と言っても，注目されるのは，『日葡』に，

Fadacani naru. *Ficar nù.* (Naru の条)

Xitajitani naru. *Ficar de baixo.* (Xitajita の条)

などのような，日本語の「なる」に対応する ficar が見られることである．『日葡』には，この外に，

Caracaicachi, tçu, atta. *Ficar vencedor na contenda.*〈争いで勝者になる〉

のように，「なる」と訳すことのできる ficar の用例も勿論ある．

一方，Morais の葡語辞典第10版（A. de Morais Silva, GRANDE DICIONÁRIO DA LÍNGUA PORTUGUESA, 12 vols., Lisboa, 1949〜1959）は，その Ficar の条の中に，「なる」に当たる一項を立て，Tornar-se, vir a ser（共に「なる」の意を表す類義語句）を示し，

ficar limpos（形容詞）〈きれいになる〉

ficar aposentado（過去分詞＞形容詞）〈恩給受領者になる〉

ficar herdeira（名詞）〈相続人になる〉

ficar bem rico（副詞＋形容詞）〈大金持になる〉

ficar a detester（前置詞＋動詞不定法）〈大嫌いになる〉

をその用例として挙げている．これらの用例から見ると，「なる」の意の ficar は，現代葡語でも，種々の語（句）を伴って広く用いられているこ

とが知られる.

3. ficar —ndo について

葡語文法においては，非人称不定法の amar（愛する），ver（見る），vir（来る）などの語尾 r を ndo に換えて amando，vendo，vindo などのような形にしたものを，gerúndio（動名詞）と呼んでいるが，その表す意味は，現代日本語の「動詞連用形＋て（接続助詞)」に大体において対応していると見られる．しかし，これを細かに見ると，ロドリゲス（João Rodriguez）が『日本文典』(ARTE DA LINGOA DE IAPAM，fl. 23 v.; 長崎，1604〜1608)，および『日本小文典』(ARTE BREVE DA LINGOA IAPOA, fl. 31 r.; Amacao（マカオ)，1620）に,

offrecendo = em offrecer

(cansei) escreuendo = despois de escreuer

escreuendo = com escreuer

estando chorando = em quanto chorando

と（見られるように）説明しているところから知られるように，葡語の em（において)，despois de（の後に)，com（をもって，で)，em quanto（の間に）などのような意を表したり，また，『日葡』の,

Miariqi, u, ijta. *Andar vendo alguma cousa.*

〈物を見ながら歩き廻る〉

のように，接続助詞「ながら」の意を表したり，なかなか微妙なところがある．また，この外にも,

Voritachi, tçu, atta.......*decer do caualo ficando em pè.*

〈馬から下りて（*decer*)，足で立つ（*ficando*)〉

のような例があり，主文の動詞（*decer*）の方の訳に「て」を付け，従属句の gerúndio（*ficando*）を，恰も主文であるかのように，後に置いて訳すとよい場合もある.

Vramiuo farasu, *Tirar o queixume ficando satisfeito.* (Vramiの条)

〈恨みを取り除いて（*Tirar*）満足する（*ficando*)〉

Rusumori. l, Rusuno ban. *O que fica guardando, ou vigiando a casa.*

〈残って（*fica*）家を守る（*guardando*）者，あるいは，家を見張る（*vigiando*）者〉

などの gerúndio も，この一類のものと見て訳した方がよいように思われる.

さて，普通にはこのような意味を表す gerúndio が ficar と共に用いられて，ficar —ndo の形をとっている場合は，どのような意味を表していたのであろうか．16世紀頃の資料のいくつかに当たってみたが，用例はなかなか見当たらない．以下，『日本史』(HISTORIA DE JAPAM）の著者として有名な Luis Froes (1532〜1597)の書簡などの中に見られる用例を示す.

1．porque se lançou de sua parte Aquezuqui *ficou sogeitando* tambem quasi os Reynos de Chicugem & de Bugem, (CARTA DO PADRE LVIS FROES, fl. 7r.;Lisboa, 1589. Aquezuqui は恐らく Aquizzuqui の誤り)

〈秋月が陣営から抜け（て薩摩方につい）たので，筑前・豊前の大部分も（薩摩に）服従している状態になった〉

2．se fazião Christãos, & *ficauão tendo* aos padres tam grande obediencia & respeito, (Idem, fl. 45 v.)

〈キリシタンになっていて，司祭たちに対して，絶対の服従と大きな尊敬の念を抱いている状態になっていたので〉

3．como elle tem infinitos gentios por sy, ainda que claramente eu *fique vencendo*, sem falta nenhuma hão-de dizer que fiquei vencido, (HISTORIA DE JAPAM, vol. I, c.37.°, l. 129 ;Lisboa, 1976)

〈彼は自ら無数の異教徒を擁していたので，たとえ私が明らかに勝っている状態になっていても，彼等はきっと，私が負けたと言うに違いない〉

これら3例は共に直訳風に，「ている状態になる」と訳しておいたが，場合によっては，「た状態になる」と訳すこともできる.

この外に，se ficar —ndo の形も見られる．

4．se o senhor da Tenca teuer por bem, que segundo a vontade & intenção dos Christãos, os padres procedão com sua seita, assi como temos dito atras, *se ficão quebrando* as leys de Iapão : (CARTA DO PADRE LVIS FROES, fl. 46 r.)

〈司祭たちがキリシタンたちの望むままに宗派活動を進めるのを，もし天下殿（秀吉）が可とするなら，前に言ったように，日本の制法は破られた状態になる〉

5．Deixou o Padre Pedro Gomes em Funai ao Padre Francisco Carrião ......, e para *se* tambem *ficar guardando* o fato, (HISTORIA DE JAPAM, vol. IV, c. 43.°, l. 16)

〈……それに，財産が守られている状態になるためにも，ペドロ・ゴーメス師は，フランシスコ・カリオン師を府内に残留させた〉

これらは，訳に示したように，受動態として訳すことになる．勿論，この5の用例などは，「財産を守るためにも」と意訳することもできる．

また，これらの外に，この「なる」の意の ficar に関連のある形として，過去分詞（あるいは，それの転じた形容詞）を伴ったものがある．例えば，用例3の末尾の fiquei vencido について言えば，

勝たれた状態になる＞負けた状態になる＞負ける

のように把えることができるが，『日葡』の，

Cori, ruru, ita. *Ficar escarmentado.*

〈懲々させられた状態になる＞懲りる〉

Yaga tatçu. *Ficar a frecha pregada.* (Tatçu の条)

〈矢が打ち込まれた状態になる＞矢がささる〉

なども，これと軌を一にするものと考えられる．

さて，ここで以上のことをまとめると，基本的な形・意味としては，

ficar vencedor　——勝者になる

ficar vencendo　——勝っている状態になる

se ficar guardando ――守られている状態になる

ficar vencido　　　――勝たれた状態になる

ということになる．なお，ficar ―ndo の形になっていても，

Elles o importunarão que......elles receberião quazi irremediavel dano em *ficarem* orfãos *carecendo* delle,（HISTORIA DE JAPAM, vol. I, c. 45.°, l. 133）

〈私どもは，あなた様を失って（*carecendo*）孤児となり（*ficarem*），殆ど償いがたい程の損失を被ることになるでしょう，……とキリシタンたちは司祭に対してしきりに言った〉

que o Irmão João Fernandes *ficaria suprindo* o mais que para o cathecismo era necessario,（Idem, vol. I, c. 48.°, l. 73）

〈伊留満のジョアン・フェルナンデスが残っていて（*ficaria*），教理（を教えるの）に必要なことや，その他諸々のことを調えるだろう（*suprindo*），ということ〉

などのように訳さなければ意味が通らない場合のあることは，改めて縷述するまでもなかろう．

4. deuer について

まず，19 世紀中頃までの葡語辞典に見られる，deuer についての語義解説の第一項を以下に示す．

○ ester obrigado ao pagamento de certa somma.（Moraes, 1.ª ed., Lisboa, 1789, ～7.ª ed., Lisboa, 1877, 1878）

〈一定の額・量を返済する義務がある〉

○ Estar obrigado ao pagamento.（Typographia Rollandiana, NOVO DICCIONARIO DA LINGUA PORTUGUEZA, Lisboa, 1835）

○ ter que restituir cousa que se houve de alguem,（Francisco Solano Constancio, NOVO DICCIONARIO CRITICO E ETYMOLOGICO DA

LINGUA PORTUGUEZA, Paris, 1836)

〈人から得たものを返さなければならない〉

○ estar obrigado a pagar, ser devedor de......；(Eduardo de Faria, NOVO DICCIONARIO DA LINGUA PORTUGUEZA, 2ª ed., Lisboa, 1851)

〈返済する義務がある．……の債務者である〉

○ estar obrigado (a pagamento, a satisfazer alguma cousa). (José Ignacio Roquete, DICCIONARIO DA LINGUA PORTUGUEZA, Paris, 1855)

〈義務がある（返済について，ある物を弁償することについて)〉

次の葡英辞典，葡仏辞典も，これらと同趣のものと見てよかろう．

○ to owe, to be indebted；(A.J. da Cunha, London, 1840, 既出)

○ être obligé à payer, à faire, à dire, par la loi, la nature, le devoir, la justice, la reconnaissance, la raison, etc,; (J.I.Roquete, NOUVEAU DICTIONNAIRE PORTUGAIS-FRANÇAIS, Havre, 1841)

これらに対して，例外的に，

○ Estar obrigado, ter obrigação. (Joaquim José da Costa e Sá, DICCIONARIO PORTUGUEZ- FRANCEZ-E-LATINO, Lisboa, 1794)

のようなものもあるが，これは，葡仏羅辞典ということもあって，簡明をよしとしているものと思われる．さて，以上によって，19 世紀中頃までの葡語・葡英・葡仏辞典では，一般に「返済の義務がある」という語義を，deuer の語義の第一項に置いていることが知られよう．

一方，既引の J. Cardoso の羅葡・葡羅辞典によると，deuer は，

deuer　　debeo, es. (fl.36 r.)

のように，その語源 debeo (debere) と対置されている．そこで，ficar の場合と同じように，この debeo を『羅葡日』について見ると，

Debeo, es, ǜi, bitum. Lus, Deuer, ou ser obrigado. Iap. Monouo vqeuô, l, xezu xite canauazaru monoto naru.

とある．この『羅葡日』では，多くの場合，葡語 Lus. と日本語 Iap. とが記載順に対応しているので，この場合も，恐らく，

deuer = monouo vqeuô（物ヲ請ケ負フ）

ということになり，『日葡』に Vqevô = deuer とあったのと一致することになる．

また，『日葡』に，

Vqeuoitaru monouo cayesu. *Pagar a diuida. Como de arroz, drõ, & c.*（Fenben の条）〈米・金銭など，借りたものを返済する〉

とあり，『羅葡日』には，

Debitio, onis. Lus. Diuida. Iap. Xacumot, fumot, vqeuoi.（借物，負物，請負ヒ）

とあるところから，

deuer = monouo vqeuô

vqeuoitaru mono = diuida

diuida = xacumot, fumot

ということになり，

deuer = vqeuô = xacumot, fumot をなす

ということになりそうである．したがって，『羅葡日』と『日葡』によれば，

deuer は，金品を借りるという意を表す．

ということになるであろう．

結

以上述べてきたところから，『日葡』の Vqevô の条の，

Deuer, ou ficar deuendo.

については，結局，

（返す約束で）金品を借りる，あるいは，金品を借りた状態になる．

と訳すのがよい，ということになる．これが小稿の結論である．(注)

注

19世紀以後の葡語辞典の中には，ficar —ndo の形について，動作・状態が長く続く意（「—ている」の意）を認めるものがある（例えば，F.J.C. Aulete と A.L.d.S. Valente の辞典〈Lisboa，1881〉など）．これは，16世紀から19世紀に至る間に，ficar —ndo の表す意味が，例えば，「—ている状態になる」>「—ている状態にある（でいる）」>「—ている」などのように変化したことを示しているのではないか，と思われる．

なお，小稿の結論がもし当を得たものであるとすれば，『時代別国語大辞典 室町時代編一』（三省堂，1985）の「うけお・ふ［請負ふ］」の第一項に，『邦訳』の ficar deuendo の訳をそのまま引用している点などについて，再考を要することになる．

（『野州国文学』39号，昭和62〈1987〉年 3 月）

第十四章 「アサガレイ（朝餉）」のことなど
——日葡辞書のことば——

17世紀初頭にキリシタンたちが編んだ『日葡辞書』(1603, 1604, 長崎コレジオ刊. 以下,『日葡』と略称）は，ローマ字書きの日本語見出しにポルトガル語で語義解説を付したものであるところから，日本語研究の資料としては第一級のものということができる．このことは，今年（平成14年）の1月に出版された『日本国語大辞典』第二版（項目数50万，用例数100万）の最終巻の帯に記載されている「全13巻の用例出典ランキング」の第1位をこの『日葡』(18800用例）が占めていることからも窺い知ることができよう（因みに，第2位は源氏物語15020用例，第3位は夏目漱石13090用例である)．かような次第で，その和訳本『邦訳日葡辞書』(1980. 以下,『邦訳』と略称）の利用価値も大きく，世に汎く重用されるところとなっている．実は，かく言う私どももその恩恵にあずかる機会が多いのであるが，しかし，時としてその訳文に疑念を抱くことがないわけではない．本章では，その中の一つである「アサガレイ（朝餉)」とその類義語「アサメシ」とをめぐることなどについて私見を述べることにしたい．

I

「朝餉」については，源氏物語に見られる次の用例などがよく知られている．

○〈桐壺帝ハ〉あさがれひの気色ばかり触れさせ給ひて，大床子の御膳《おもの》などはいと遥かに思し召したれば，(桐壺)

この用例については，次のような解説がなされる．

○　あさがれひ　女房が給仕する．朝餉の間（あさがれいのま）での簡

略な食事（粥・干飯など）．朝に限らず，この略式の供御（くご）を朝餉といった．（玉上琢弥氏『源氏物語評釈』，1964）

なお，「朝餉」の時刻についての記述としては，

○　午一剋供朝膳　酉一剋供夕膳　待女房／仰供奉．（橘広相『侍中群要』，続々群書類従．寛平 2〈890〉年）

○　凡御膳ハ大床子ノ御膳．上古朝夕．近代／一度供レ之．朝餉ノ御膳．朝夕／夜供．皆一度供レ之ヲ．此御膳等近代主上不レ着．又只ノ御膳三度．是只女房サババカリ取レ之．……朝ハ巳ノ時．夕ハ申ノ時之由．寛平遺誡也．（順徳天皇『禁秘抄』，群書類従．建保年間〈1213～1219〉）

○　朝の御膳は午刻也．……申の刻に夕の御膳まゐる．（後醍醐天皇『日中行事』，群書類従．建武年間〈1334～1336〉）

などがあるが，これらによると，平安時代初期頃の帝の最初の朝餉の時刻は，「午一剋」（午前 11 時，『侍中群要』）とするものと「巳の時」（午前 9 時～11 時，宇多天皇『寛平御遺誡』）とするものとの二様のものがあるものの，中世では「午刻」（『日中行事』）であったものと見られる．

II

この「朝餉」は，『日葡』成立の 6 年前に刊行された辞書には，

○　朝餉《アサガレイヒ》　帝之供御（易林本節用集，1597）

のように，「アサガレイヒ」の形で採録されているが，『日葡辞書』では，

◎　Asagarei.　*Iantar de pessoas nobres.*

のように，「アサガレイ」の形で見出しを立てる．一方，『邦訳』はこの語を，

◇　Asagarei. アサガレイ（朝餉）[1)] 貴人の朝食[2)].※ 1）……．2）原文に *Iantar* とあり，これは一般に一日のうちの一番主な食事をさすが，本書では朝食にあてている．

のように和訳し，語注を付しているが，そこに用いている *Iantar* の訳語

「朝食」に問題があるように思われるのである．

さて，ここでその *Iantar* に注目してみる．実は，『日葡』刊行の10年ほど前に，J. Cardosoの葡羅・羅葡対訳辞書（1592）がリスボンで刊行されているが，それには，

○　Iantar nome.　Prandium, ij.（nomeは「名詞」の意）

のように，名詞のIantarにラテン語のPrandiumが対置されている．また，その3年後に天草で刊行された『羅葡日対訳辞書』(1595）にも，

○　Prandium, ij. Lus. Iantar. Iap. アサメシ，トキ．（以下，羅葡日・日葡のローマ字表記の日本語は，片仮名で表記する）

のように，これと同じ対置が見られる．なお，そこに対置されている日本語のアサメシ，トキについては，

○　アサメシ（朝飯）．　*Iantar*，または，*polamanhaã* の食事．（日葡）

○　トキ（斎）．　僧侶の *Iantar*．（同上）

のように，『日葡』でも葡語Iantarが用いられていて，その点で「朝餉」「朝飯」「斎」の三語には共通の語義を認めることができる．このことから見て，『羅葡日』の「Prandium - Iantar - アサメシ・トキ」の対訳には問題はない．

問題はこのIantarの語義である．D.R.Bluteauの10巻本の葡羅辞書（1712～1728）は，『日葡』より100年ほど遅れて刊行されたものであるが，そこでは，名詞のIantarに相当する形o jantarを，

○　O jantar.　Prandium, ij.（IV, 1713）

とし，動詞jantarを，

○　IANTAR.　昼の時間（horas do meyo dia）に食事をとる．

としている．

（注）　日葡は「マッピル（真昼）」にmeo diaを当て，J.Rodriguez『日本文典』(232丁オ，1604～1608）は「ウマノコク（午の刻）」（午前11時～午後1時）にmeyo diaを当てている．

Jantarを「昼の時間に食事をとる」意の動詞とするこのBluteauの記述

は，『日葡』からの1世紀ほどの間にjantarの語義に変化を来たし，語義に差異が生じている可能性もないわけではないので，全幅の信頼を置きかねるところがある．

しかし，F. P. Brouの羅葡辞書（1890）の，

○　Prandium, *ii* ou *i*, n. almoço（refeição da manhã tomada ordinariamente ao meio dia）；

に見られる語義解説「通常昼にとる朝の食事」（refeição da manhã tomada ordinariamente ao meio dia）は，ラテン語Prandiumに対応する葡語に付せられたものであるだけに，信頼を寄せることができるものと考えられる．もっとも，「通常昼にとる朝の食事」という記述は矛盾しているようにも見えるが，一日二食（朝食と夕食）の習慣の名残のしからしめるところではないかと思われる．なお，P. G. W. Glareの羅英辞書（1977）の，

○　Prandium ～ (i) ī, *n.* [⋯]. A meal eaten about midday, 'luncheon'.

とする記述は，上記のBrouの記述と符合するものであると言えよう．

結局，『日葡』のアサガレイについては，

◎　アサガレイ（朝餉）．　高貴な家柄の人の正午ごろにとる食事．

とでも訳すことになると考えられる．

Ⅲ

『日葡』は，「アサガレイ」の類義語の「アサメシ」について，

◎　Asamexi. *Iantar ou comer de polamanhaã.*

のように語義解説を付している．この記述を，『邦訳』は，

◇　Asamexi. アサメシ（朝飯）朝食，すなわち，朝の食事．

のように訳しているが，これにも問題がある．*Iantar*については上述のとおりであるが，*polamanhaã*と*ou*の和訳に問題があるのである．

まず，*polamanhaã*についてであるが，この語は前置詞porと女性定冠詞a（一説，la）と名詞manhaãの接合形であり，時によってpollaman-

haã, pellamanhaã, polamanhaã, pelamanhaã, pola manhã, pela manhã などのような形で現れることのあるものである．

この語の語義を記したものとしては，A. de Morais Silva の現代語辞書のように，Pela manhã を de manhã（朝に）などとするものがある[1)]ものの，18 世紀ごろの古辞書（見出し）には見当たらないので，語義の確定に困難を覚える．しかし，たとえば，

○ ウノ コク（卯の刻）． *pellamenhãa* の 5 時から 6 時まで．（日葡）

○ ウノコク（卯の刻）． *manhãa* の 6 時．（同上，Vnococu の項）

○ タツノ トキ（辰の時）． *manhãa* の 8 時から 9 時．（同上）

○ ミノ トキ（巳の時）． *manhãa* の 8 時から 10 時まで．（同上）

○ ウマノ コク（午の刻）．11 時から正午過ぎまで．（同上）

のように，「5 時から 6 時まで」と注する「卯の刻」に *pellamenhãa* を用い，「6 時」以降「10 時」までに *manhãa* を用いているところから推すと，*pellamenhãa* は *manhãa* より早い時間帯をさすもののように思われる．

また，この語の前部に用いられている *pella*（*polla*）に注目してみると，たとえば，

○ ユゥカタ（夕方）．Pella tarde，または，宵の口 boca da tarde．（日葡）

○ バン（晩）．Tarde，または，宵の口．（同上）

によれば，「夕方」は「晩」より前の時間帯であり，

○ ユゥグレ（夕暮れ）．Polla noite，宵の口．（日葡）

○ ヨ（夜）．Noite．（同上）

も，「夕暮レ」が「夜」より前の時間帯であって，そこに *pella*，*polla* が加用されているところから見て，*pellamenhãa* が *manhãa* より前の時間帯をさすとするこの推測は成り立つように思われる．[2)] なお，

○ アサガタニ（朝方に）． Polamanhaã．（羅葡日，Matutînum）

○ ヒノデ（日の出）． *Polamanhaã* に太陽が出ること．（日葡）

○ アサヒ（朝日）． *Polamanhaã* の太陽．（同上）

とあることなどを斟酌して，結局，*pellamenhãa* や *polamanhaã* などにつ

いては,「日の出のころ」と訳すのがよいということになる.

以上のことから,『日葡』の「アサメシ」については,

◎　アサメシ（朝飯）. 正午ごろにとる食事, または, 日の出のころにとる食事.

と訳すことになる. 原文の *ou* を「すなわち」とせず,「または」と訳すのは, 前後の関係からして当然のことである.

Ⅳ

次に,『日葡』に見られる食事に関する名称について示すこととする.

○　メシ（飯）. 炊いた米.

○　オダイ（御台）. すなわち, メシ（飯）. 炊いた米.

○　グゴ（供御）. すなわち, メシ. 炊いた米. 女房詞である.

は, 食事,

○　アサヂャノコ（朝茶の果）. 日の出のころ, 茶を飲む前に食する少量の物.

○　アサボサ（朝ぼさ）. 日の出のころに食する少量の物.[3)]

は, 朝の食事,

○　アサケ（朝食）. すなわち, アサメシ（朝飯）. 正午ごろの食事, または, 日の出のころの食事. 卑語.

○　アサメシ（朝飯）. 正午ごろにとる食事, または, 日の出のころにとる食事.

は, 朝・昼の食事,

○　アサガレイ（朝餉）. 高貴な家柄の人の正午ごろにとる食事.

○　ヒルイイ（昼飯）. 正午ごろの米飯.

○　ヒルメシ（昼飯）. 正午ごろの米飯.（補遺）

○　ヒルマ（昼間）. ……. ¶ また, 労働者の正午ごろの食事. 卑語.

○　チュゥジキ（昼食）. すなわち, ヒルイイ（昼飯）, または, ヒルメ

シ（昼飯）．正午ごろの食事．

は，昼の食事，

○ ユゥケ（夕食）．ユゥメシ（夕飯）．夕食．

○ ユゥメシ（夕飯）．夕食．

○ バンスイ（晩炊）．すなわち，ユゥメシ（夕飯）．夕食，または，晩の食事．

○ ヤショク（夜食）．ヨル ショク スル（夜食する）．夜の食事．

は，夕食・夜食の類である．

なお，平安時代末期成立の『色葉字類抄』には，

○ 食 ヶ／俗云 朝— タ—（黒川本，中）

のように，「アサケ」「ユウケ」が見られるが，「ヒルケ」はない．『日葡』も同様で，「ヒルケ」はない（近世初期の『狂言記』（苞山伏）に濁音形「ひるげ」が見られる）．

なお，中世末期の食事に関しては，次の記述が参考になる．

○ くけかたには．あさ御たい．ゆふ御たいといへり．これハおとこ衆の事也．女はう衆ハ．あさく五．夕く五と仰候．武家方にハ．あさめし．ゆふめしと．おとこ衆はいふ．くてんあり．（『女房進退』，続群書類従．室町末～近世初成）

V

ここで，『日葡』に用いられている「アサボサ」の意の almoço，「アサメシ（正午ごろの食事）」の意の jantar，「ユゥメシ」の意の cea の三語の語義変化について記しておきたい．

天草で出版された『羅葡日対訳辞典』（1595）によると，

○ Prandíolum, 1, **Prandiculum**, i. dim. Lus. Almoço. Iap. アサボサ，アサヂャノコ．

○ **Prandiumu**, ij. Lus. Iantar. Iap. アサメシ，トキ．

○　**Cœna**, æ. Lus. Cea. Iap. ユゥメシ，ヒジ，バンスイ.

のように，羅語 Prandiculum（Prandium の指小語）に Almoço，羅語 Prandium に Iantar，羅語 Cœna に Cea を当てているが，300 年ほど後に葡国で出版された F.P.Brou の羅葡辞典（1890）では，

○　**prandìcùlum**, *i*, n. dim. de *prandium*, pequeno almoço, almoçosinho；

○　**prandium**, *ii*, ou *i*, n. almoço,（refeição da manhã …ao meio dia）；

○　Céna，cæna e **cœna**, *œ*, f. o jantar；

となっている．これらによると，この 300 年の間に almoço の表す意味は「朝食」から「昼食」に移り，jantar の表す意味は「昼食」から「夕食」に移ったことになる．空き間になった「朝食」を pequeno almoço（「少量の朝食」の意）が埋めることになり，かくして，現代葡語の pequeno almoço（朝食），almoço（昼食），jantar（夕食）という，三食を表すことばが成立することとなったのである．

なお，F.S.Constancio の葡語辞書（1836）に，

○　JANTAR　男性名詞．我々の間では，日中，4 時または 5 時までにとる正餐である．

entre nós he a comida principal que se toma no meio do dia até ás quatro ou cinco horas.

とあることからすると，jantar は 19 世紀初めごろには既に「夕食」に近づいていたことが知られる．以上で，小稿を結ぶ．

注

1）J.L.Taylor の辞書（1970）は，pela manhã に in the morning を当てている．

2）Bluteau（VI, 1720）は，時間と場所に関して用いられる前置詞 por の語義として，Pouco mais, ou menos（ほぼ），perto（近く）を挙げている．

3）原文は Almoço. Bluteau（I, 1712）はこの語を，O que se come pella manhaã；Por ser em pequena quantidade, ….（日の出のころに食するもの；少量であるところから，….）と説明している．

資料・参考資料

日葡辞書（勉誠社影印，1973．清文堂出版影印，1998）
邦訳日葡辞書（土井忠生・森田武・長南実編著，岩波書店，1980）
羅葡日対訳辞書（勉誠社影印，1979）
日本文典（J.Rodriguez 著，勉誠社影印，1976）

Bluteau（D. Raphael）：VOCABULARIO PORTUGUEZ, E LATINO, 10 Vols., Coimbra，Lisboa, 1712～1728.
Brou（Francisco Pedro）：LEXICON LATINO-PORTUGUEZ, Porto, 1890.
Cardoso（Jeronymo）：DICTIONARIVM LATINO LVSITANICVM, Lisboa, 1592.
　参考：Cardoso 生没年．? ～1569.
Constancio（Francisco Solano）：NOVO DICCIONARIO CRITICO E ETYMOLOGICO DA LINGUA PORTUGUEZA, Paris, 1836.
Glare（P. G. W.）：OXFORD LATIN DICTIONARY, Ⅵ，Oxford, 1977.
Morais（Antonio de Morais Silva）：GRANDE DICIONÁRIO DA LÍNGUA PORTUGUESA, 10ª ed.12vol., Lisboa, 1949～1959.
Taylor（James L.）：A PORTUGUESE-ENGLISH DICTIONARY, London, 1970.

記

本章は，平成 14 年 11 月 30 日に開かれた國學院大學国語研究会（平成 14 年度後期大会）において，「『アサガレイ（朝餉）』のことなど―日葡辞書のことば―」という題で発表したものに多少手を加えて成ったものである．

（『国学院短期大学紀要』20 号，平成 15〈2003〉年 3 月）

第十五章　日葡辞書の「サメ」「フカ」「ワニ」について

序

『日葡辞書』(1603, 1604. 長崎コレジオ刊. 以下,『日葡』と略称)の「サメ」「フカ」の項を『邦訳日葡辞書』(1980. 以下,『邦訳』と略称)は次のように訳している.

(i) Same. サメ(鮫)　鱏(えい)あるいは鮫のような魚の一種. ¶ また, 刀(*Catana*)の柄(つか)や鞘を覆いかぶせるのに使う, この魚の皮.
(施線は岡崎. 以下同)
《Same. *Hum certo peixe como raya, ou lixa. Item, A pelle deste peixe, que serue de cobrir os punhos da Catana, ou a bainha.*》
(《　》内は原文. 以下同)

(ii) Fuca. フカ(鱶)　鮫の類.
《Fuca. *Peixe tubarão.*》

さて, この二項について,

1　(i)の鮫柄・鮫鞘に使う「サメ」に当たる *raya* はどのような魚なのか.

2　(i)の鮫柄・鮫鞘に使う「サメ」に当たる *lixa* はどのような魚なのか.

3　(ii)の「フカ」に当たる tubarão はどのような魚なのか.

の3点をめぐって, 葡語関係辞書などや魚類関係書について調べ, また,

(iii) Vani. ワニ(鰐)　この名で呼ばれる, 人間を食うという魚. 〈邦訳〉
《Vani.　*Peixe assi chamado que dizem come gente.*》

とある「ワニ」についても,「サメ」「フカ」との関係上, 小考を加えてみた. 本章はその結果の報告である.

1. サメに当たる raya

1.1　raya

『羅葡日対訳辞書』(1595. 以下，『羅葡日』と略称）と『日葡』に，

(1)　Raia, æ. Lus.（= Lusitanicè）Peixe raya. Iap.（= Iaponicè）Yeino vuo.（羅葡日）

(2)　Yei. Peixe raya.（日葡）

のように，raya と yei（エイ）を対置させる用例があることから見て，raya がエイであることは疑う余地がない．

ところで，軟骨魚綱・板鰓《ばんさい》亜綱（サメ 8 目とエイ 1 目の総称）に属するエイ目の魚は，

	日　本			世　界		
ノコギリエイ亜目	1 科	1 属	1 種	1 科	2 属	7 種
シビレエイ亜目	3 科	4 属	6 種	4 科	11 属	38 種
サカタザメ亜目	4 科	4 属	6 種	4 科	9 属	51 種
ガンギエイ亜目	1 科	7 属	34 種	1 科	約 30 属	約 250 種
トビエイ亜目	6 科	13 属	28 種	6 科	21 属	約 165 種
合　計	15 科	29 属	75 種	16 科	約 73 属	約 510 種

〈『日本動物大百科』5–118 による〉

のように，日本に 75 種，世界に約 510 種いると言われる．したがって，raya を単にエイと訳して済ますとすれば，葡国にも 70 種はいると思われるエイのうちのどれでもよいということになる．それでよいのだろうか．

一方，たとえば鮫鞘は，

(3)　**鮫鞘**　鮫皮の文様を生かした装飾性の高い鞘．表面を研ぎ出し平滑に仕上げたものが多く，これは鮫皮研出《さめがわとぎだし》鞘と呼ばれた．また，鮫皮の突起物の隙間に黒漆を塗り込め，表面を研ぎ出して平滑にし

て，黒地に鮫皮の突起部分が浮かび上がって見えるよう，装飾性を高めた例もある．(『図解日本刀事典』p.108, 2007)

のように，「(ざらざらした) 表面を研ぎ出し平滑に仕上げた」鮫皮研出鞘が多いと言われる．しかし，

(4) 板鰓類の体表には歯と同じ構造をした楯鱗（じゅんりん）がふつうよく発達し，体表面はいわゆるサメ肌で，やすり状を呈する．エイ類ではうろこはあまりよく発達しないが，アカエイの尾部にある大きな毒針は楯鱗の変形物である．全頭類の皮ふにはうろこがなく，体表面はなめらかである．(『日本動物大百科』5-123.「楯鱗」は棘《とげ》のついた鱗.「全頭類」はギンザメ類)

のように「エイ類ではうろこはあまりよく発達しない」と言われる．だが，

(5) ガンギエイ科は卵生のエイ類からなる 1 群である．……皮膚はざらざらしており，さまざまな模様の斑紋《はんもん》があるのがふつうである．(『世界動物百科』159-17, 1974)

のように，エイの中に「ざらざら」した皮膚をもつものがいないわけではない．

1. 2　raya・raia・arraia

ところで，エイを意味する raya は，Cardoso の葡羅対訳辞書（1592）に，

(6) Raia. raia,æ.（71 オ．Raia は葡語，raia,æ は羅語）

とあるところからみて，16 世紀末ごろには，『羅葡日』（1595）や『日葡』(1603, 1604) に見られる raya のほかに，ラテン語 raia をそのまま用いた葡語の raia のあったことが知られる．

その後，18 世紀初めの Bluteau の葡羅辞書（VII, 1720）の見出しには，raya, raia のほかに，arraia が arraya と併記された形で登場する．

(7) **RÂIA,** または **Raya.** 海の扁平な軟骨魚．（ラテン語）*Raia, æ.* ㊛（出 典）*Plinius.*〈Caius Plinius Segundus Major（B.C.25～79）はローマの博物学者〉

《**RÂIA**, ou **Raya**. Peyxe do mar, chato, & cartilaginoso. *Raia, æ. Fem.Plin.*》

(8)　**ARRAIA**, Arrâia, または **Arraya**. 棘《とげ》を具えた尾をもつ，海の扁平な軟骨魚．……（ラテン語）*Raia, æ.* ㊛（出典）*Plinius.*『博物誌』．
《**ARRAIA**, Arrâia, ou **Arraya**. Peyxe do mar, chato, & cartilaginoso, com cauda, armada de espinhos.……*Raia, æ. Fem. Plin. Hist.*》
〈*Hist.* は *Historia Natural*〉

その後，葡語辞書は，raya, raia, arraia の 3 語のうちの 2 語を見出し（空見出しを含む）に立てるのが一般であるが，20 世紀初頭頃になると，小型版の葡語辞書の中に，arraia だけを見出しとする辞書（たとえば，A EDITORA LIMITADA 出版の葡語辞書，11 版，1912）が現れる．しかし，今日なお，葡語辞書の見出しには raia と arraia を立てるのが一般のようである．

1. 3　raia・ガンギエイ属

さて，ここで Aulete の葡語辞書（1881）の raia の記述に注目してみる．

(9)　**Raia**（*rrá*-i-a），㊛（動物学）Arraia に同じ．［この属は次のようないろいろな種を含む．普通のエイ（*raja batis* シロガンギ），鋲打エイ（*raja clabata* イボガンギ，*raja fullonica*），彩色エイ（*raja capensis, raja asterias*），四つ目エイ（*raja miraletus* カガミエイ，*raja nœvus*），尖口エイ（*raja salviani*），電気エイ（*torpedo communis*）．］〈（　）内の斜体名は学名，施線部の片仮名は和名）〉
《**Raia**（*rrá*-i-a），s.f.（zool.）o mesmo que arraia. ［Comprehende este genero varias especies, taes como *raia* commum（*raja batis*），*raia* pregada（*raja clavata, raja fullonica*），*raia* pintada（*raja capensis, raja asterias*），*raia* de quatro olhos（*raja miraletus, raja nœvus*），*raia* bicuda（*raja salviani*），*raia* electrica（*torpedo* communis）.］》

Aulete は，上記のように 9 種の *raia* を挙げるが，9 種目の電気エイの

学名 *torpedo communis* の属名 *torpedo* は，今日ではシビレエイ科シビレエイ属の属名として用いられるものであり，他の raja 類とは異なる属である．なお，その後に出版された Lemos の葡国百科事典（ca.1910）の **Raia** の項は，この Aulete の *s.f.* 以下の語義解説をそのまま用いている．

また，Morais の葡語辞書（10 版，IX, 1956）は，

(10)　**Raia**, ㊛動物学．板鰓（ばんさい）目，エイ亜目，ガンギエイ科の魚どもの属名（*Raia* Lin.）で，多数の種があり，そのうちの 9 種が葡国沿岸に生息している．‖ガンギエイ属の魚どもの俗称．〈Lin. は属名 *Raia* の命名者 Carl von Linné（スウェーデンの博物学者，1707～78）の略称〉

《**Raia**, *s.f. Zool.* Género（*Raia* Lin.）de peixes da ordem dos plagióstomos, subordem das raias, familia dos raiideos, com numerosas espécies, nove das quais vivem na costa de Portugal. ‖ Nome vulgar dos peixes do género *Raia* Lin.》

のように，葡語 raia を「ガンギエイ科の属名」とし，Aulete の葡国の raia 9 種説を踏襲するとともに，その第二語義に，「ガンギエイ属の魚どもの俗称」を加える．これによると，葡国沿岸で見られるガンギエイ属のエイ（たとえば，上記のシロガンギ *raia* commum，イボガンギ *raia pregada*，カガミエイ *raja* de quatro olhos など）のそれぞれを，俗に短く raia と呼んでいるということになる．〈なお，葡国『料理十二ヶ月』（p.25）に，RAIA（偏菱形の，腹の白い小形のエイ）の挿絵が載せられている〉

Raia がガンギエイ属の魚であることについては，

(11)　エイ類全体を指す Rajiformes（＝ Batoids）はガンギエイ属の属名 *Raja* に由来する．Raja はラテン語の raia すなわちガンギエイ属から名づけられたと考えられるが，その後 raja は英語の ray となった．（『日本動物大百科』5-169）

とある記述も参考になる．

以上のことなどから，

Ⅰ　『日葡』のSame（サメ）の語義解説の中に見られる *raya* は，ガンギエイ属のエイ（葡国の，体盤が偏菱形のシロガンギ，イボガンギ，カガミエイなど）である．

ということになる．

2.　サメに当たるlixa

2.1　lixa

『羅葡日』（1595）に，

⑿　Squatina, æ. Lus. Lixa peixe. Iap. Same.

のように，lixaとsame（サメ）を対置させる用例のあることから見て，lixaが（16世紀末ごろの呼称の）サメであることは疑う余地がない．

ところで，軟骨魚綱・板鰓《ばんさい》亜綱（サメ8目とエイ1目の総称）に属するいわゆるサメは，

	日　本			世　界		
ネコザメ目	1科	1属	2種	1科	1属	8種
テンジクザメ目	4科	6属	9種	5科	13属	32種
メジロザメ目	6科	23属	51種	8科	48属	212種
ネズミザメ目	7科	10属	13種	7科	10属	16種
カグラザメ目	2科	4属	5種	2科	4属	5種
ツノザメ目	3科	17属	41種	3科	24属	約 87種
カスザメ目	1科	1属	2種	1科	1属	約 13種
ノコギリザメ目	24科	1属	1種	1科	2属	5種
合　計	48科	63属	124種	28科	103属	380種

〈『日本動物大百科』5-118による〉

のように，日本に124種，世界に約380種いると言われる．したがって，lixaを単にサメと訳して済ますとすれば，葡国にも100種はいると思われ

るサメのうちのどれでもよいということになる．それでよいのだろうか．

2.2 lixa・カスザメ属

Bluteau の葡羅辞書は，

⒀ **LIXA**, 海の扁平な軟骨魚．太い尾をもち，その皮は鑢のように非常にざらざらしている．それを使って箱を張り，小道具箱を作り，黒檀や象牙を磨く仕掛けなどを作る．（ラテン語）*Squatina, æ.* ㊛（出典）*Plinius.*

《**LIXA**, Peyxe do mar, cartilaginoso, & chato ; tem a cauda grossa, & a pelle muito aspera a modo de lima ; com ella se cobrem caixas, se fazem estojos, & engenhos de alizar ebanos, marfins, &c. *Squatina, æ. Fem. Plin.*》（V, 1716）

のように lixa を解説している．ここでは，lixa は raia と同じく「扁平な軟骨魚」であること，「皮は鑢のように非常にざらざらしている」ということ，ラテン語 *Squatina, æ* が lixa に対応するということなどが注目される．〈この二語は，すでに羅葡日の中で対置されていた語である．用例⑿参照〉

なお，Brou の羅葡辞書（1890）は，この *Squatina, æ*を，

⒁ **squàtina**, æ, ㊛ anjo（海魚）．

《**squàtina**, æ, f. anjo (peixe do mar).》

のように，葡語 anjo とし，Michaelis の葡英辞書（22 版，1979）は，葡語 anjo-do-mar を，

⒂ **anjo-do-mar**　㊚（複数 **anjos-do-mar**）（**anjo-viola** とも）angelfish.

《**anjo-do-mar** s.m. (pl. **anjos-do-mar**) (also **anjo-viola**) angelfish.》

のように，英語 angelfish とする．また，『研究社新英和大辞典』(1962）は，この語を，

⒃ **angelfish**……**2** かすざめ（angelshark）(*squatina* 属).

のように，カスザメ属カスザメとし，同義語の angelshark を示す．なお，

『新コンサイス英和辞典』(1976) は,

⒄　**angelfish**……‖カスザメ, コロザメ.

とする. 上掲のように, 日本近海にはカスザメ目カスザメ科カスザメ属の魚は相似たこの2種しかいないとされているので, 穏当なところであろう.

かような次第で, lixa はカスザメ属のカスザメ, コロザメに当たる魚であると見てよいであろうと考えられる.

2.3　カスザメ科

カスザメ科については,

⒅　この科の仲間は, からだが平たくて胸びれが大きく, 目と吸水口が背側についていて, エイ類にそっくりの姿をしている. しかし, 胸びれの前縁はエイ類のものと違って頭側と融合せず, そのあいだに切れこみがある. この胸びれが天使のつばさに似ているため, 英語ではこの仲間を“天使ザメ (Angel Shark)”と呼んでいる. 尾は細く……えらあなは5対で, 頭側のやや腹方に位置している. (『世界動物百科』160–1. 用例⒃㉑参照)

のように,「エイ類にそっくりの姿をしてい」て, 英語では「“天使ザメ (Angel Shark) ”」と呼んでいると言う.

日本近海のカスザメとコロザメについては, 次のように解説される.

⒆　**かすざめ** *Squatina japonica* Bleeker　体の背面全体に多数の不規則形の斑点が散在し, 皮ふはいちじるしくざらざらしていて, 背中線に1列の鋭い瘤状の鱗が並んでいる. 鰓孔は大きく腹面にある. 臀鰭はない. 浅海の砂地にすみ砂中の小動物や小魚を貪食し, 冬は深所に移る. ……皮はヤスリに利用されている. (『原色魚類検索図鑑』p.13)

⒇　**ころざめ** *Squatina nebulosa* Regan　一見前種のカスザメによく似ているため往々にして混同されている場合が多い. 本種はカスザメに比べて胸鰭が大きく形も異なること, 背中線に1列の大きい鱗が

ないこと，皮ふがカスザメほどざらざらしないこと，また体色もカスザメの茶褐色に対してやや青味をおびているなどの諸点で識別しうる．……皮はヤスリとしてカスザメより良質である．（同上，p.14）

この両種は「よく似ている」こと，共に皮は「ざらざらし」ていて「ヤスリ」に利用されることなどを指摘している．

なお，葡国近海にはこの両種はいないが，同じカスザメ属のニシコロザメがいる．

(21)　**ニシコロザメ** *Suquatina squatina* は大西洋東部や地中海に分布する種類で，全長2メートルに達する．皮膚はよく発達した楯鱗《じゅんりん》におおわれてざらざらしている．背面は黒い斑点をちりばめた褐色で，腹面は淡色．海底で暮らし，たいていは砂のなかにもぐったまま目だけを出して，獲物，とくに各種のエイ類を待ち受けている．…….

　英名を **Angel Shark** とは，なんとも可憐だが，皮膚に楯鱗の発達した“とげだらけの天使”だ．エイ類と違って尾の筋肉がじょうぶで泳ぎ方はずっと力強い．（『世界動物百科』160–1．用例(18)参照）

なお，『和歌山県方言』（p.129, 1933）は，「サメ」の項に，対応する「標準語」として「糟鮫（かすざめ）」を挙げている．また，『原色日本海水魚類図鑑』（I–8）は，「カスザメ」を「サメ」と呼ぶ土地として，大阪・和歌山・広島・高知・米子・福岡を挙げている．これによると，もともと近畿地方や瀬戸内・四国などでは，サメと言えばカスザメのことであったのではないかと思われる．

以上のことなどから，

Ⅱ　『日葡』の Same（サメ）の語義解説の中に見られる *lixa* は，カスザメ属のサメ（葡国の，エイ類にそっくりのニシコロザメなど）である．

ということになる．

3. フカに当たる tubarão

Bluteau の葡羅辞書（VIII, 1721）は，tubarão について，

(22) **TUBARAÕ**, または **Tuberão**. 犬またはアザラシの顔つきをした海魚．ただし，均整のとれた体つきをした巨大な魚で，あるものはアンティル諸島の海にいて，体長が6㍍ほどもある．下顎には4列，または5列の歯があって，…….〈「アンティル諸島」はキューバ島などを含む諸島〉

《**TUBARAÕ**, ou **Tuberão**. Peyxe do mar, da feição de cão, ou lobo marinho, mas de tão monstruosa grandeza, que no mar das Antilhas se achão alguns, que tem até vinte pés de comprido, com grossura proporcionada. Na queyxada debayxo tem quatro, ou cinco ordens de dentes,…….》

のように，「体長が6㍍ほどもある」大魚で，「下顎には4列，または5列の歯」があると説明している．

また，Aulete の葡語辞書（1881）は，

(23) Tubarão（tu-ba-*rão*），㊚（動物学）クジラ科ツノザメ属の魚（ホホジロザメ）．［全長9，10㍍に達し，強い力と並外れた貪食とで知られる］

《Tubarão（tu-ba-*rão*），*s.m.*（zool.）peixe da familia dos cetaceos, genero dos esqualos（*squalus carcharias*）．[Chega a ter 9 e 10 metros de comprimento；é notaval pela sua grande força e extrema voracidade.]》

のように，科名・属名は今日のものとは異なるものの，今日と同じ，ホホジロザメの種小名 *carcharias* を記している．〈「種小名」は種を，*squalus carcharias* などのように，二名で表す場合の後ろの名．前の名は「属名」〉

なお，これらには次の記述が参考になる．

⑷ **ホホジロザメ**　*Carcharodon carcharias* はあらゆるサメ類のうちでももっとも恐ろしいもののひとつである．全長 8〜10 メートル，体重 3 トンにもなるこのサメは，大きく裂けた口をもち，その両あごには縁にぎざぎざのある鋭い三角形の歯が 4, 5 列にわたってはえている．……熱帯の海全域に頻繁に見られるほか，温帯の海にも姿を現わすことがある．ふつうは沖合の深所にいるが，表面に浮いてきたり，沿岸近くにくることもある．代表的な“人食いザメ”として知られ，英語ではずばりと Man-eater Shark の名で呼ばれる．泳いでいる人間ばかりでなく，小舟に乗っている人を襲うことさえある．貪欲な肉食魚で少しでも動いているものならなんにでもくらいつくほどである．(『世界動物百科』160–16)

以上のことなどから，

Ⅲ　『日葡』の Fuca（フカ）の語義解説の中に見られる tubarão は，ホホジロザメである．

ということになる．

このほかに，次のような記述も見られる．

⒇ 鮫魚　さめ……大和にては，ふかと云．さめと鱣魚《ふか》とは大ィに同じくしてすこしく異《こと》也．ふかの類多し．或は白ぶか，うばぶか，かせぶか，鰐《わに》ぶか，もだま，さゞいわり等有．皆さめの類なり．四国及九州にさめの称なし．すべてふかと呼．(物類称呼，1775)

(26) ふか［鱶］①さめ（鮫）．熊野に多く捕れた．天保・大坂江戸風流ことば合せ「大坂にて，ふか，江戸にて，さめ」(前田勇編『近世上方語辞典』，1964)

「四国及九州にさめの称なし」(物類称呼)，「大坂にて，ふか，江戸にて，さめ」(大坂江戸風流ことば合せ) などの記述が注目される．

4. ワニ

4.1　古代・現代のワニ

古典語のワニは，古事記の因幡の白兎の「和邇《わに》」が有名である．

⑷ 欺二海和邇一言，……和邇，捕レ我悉剥二我衣服一．（上巻）

出雲国風土記にも「和爾」が見られる．

⑻ 和爾百余　静囲二続一和爾一（意宇郡）

この⑷の「海和邇」に，日本古典文学大系『古事記』は次のような頭注を付している．

⑼ 鰐，海蛇，鰐鮫などの諸説があるが，海のワニとあることと，出雲や隠岐島の方言に鱶や鮫をワニと言っていることを考え合せて，鮫と解するのが穏やかであろう．

実は，3年ほど前（2004年11月）に，松江市在住の青砥智美さん（1947年生）に問い合わせたところ，

⒇ 先日（島根県）大田《おおだ》市の近くの「道の駅」で「ワニの肉」というものを売っていたので，買ってみたところ，白身のフカの肉であった．松江ではワニとは言わないので，おそらく大田市近辺のことば（漁師ことばか）であろうと思う．

ということであった．

なお，一昨年11月17日のNHKテレビで，広島県三次《みよし》市の初老の男性が「ここではサメのことをワニという」と話していたのには驚かされた．広島の山間部の三次市（山陰と山陽とを結ぶ交通の要地）と日本海に面した大田市（もと石見国の市場町）とは住民の往来が比較的多くて，それでことばに共通性があるのではないかと思われたことであった．

4.2　中古・中世のワニ

中古から中世にかけての辞書には，次のようなワニの用例が見られる．

倭名類聚抄（934）は，「鰐」について，

(31)　鰐　麻果切韵云，鰐，音蕚，和邇，似レ鼈有二四足一，喙長三尺，甚利歯，虎及大鹿渡レ水，鰐撃レ之皆中断，（巻八.「鼈」は音ベツ，すっぽん）

のように記す．なお，大漢和辞典（1959）は，「鰐」の項に三才図会（明の百科事典，1607 自序）の「鰐魚」の挿絵（鼈の喙・四足・尾を細長くしたようなもの）を転載している．

中世前期以後のワニの用例を列記する．

(32)　鮎（鮧）ワニ（観智院本類聚名義抄，1241 写．「鮎」はナマズ．国訓アユ．「鮧」もナマズ）

(33)　鯉　コヒ　ナマツ　ワニ（同上）

(34)　問　魚ノ名ニワニ如何．答　ワニハ鰐也．……クチノヒロクテ物ヲノミイルヽカウマケレハ也．（名語記，四，1275）

(35)　鰐《ワニ》　大口魚也　食レ人．（文明十一年本下学集，1444 成〈1479 写〉）

(36)　鰐《ワニ》　大口魚也　或開口食人．（弘治二年本節用集，1556）

日本の京都を中心とする中央語圏では，中世初期頃には，口の比較的大きなナマヅ（鮎）・コヒ（鯉）などもワニと呼んでいたものと思われるが，中世後期になると，ホホジロザメのような大口の魚で人を食うものに限ってワニと呼ぶようになったものと見られる．

4.3　近世のワニ

『羅葡日』（1595）は，「鰐」（クロコダイル）を収めている．

(37)　**Crocodîlus**, i. 葡語．Crocodillo, または lagarto. 日語．リョゥ（竜），タツ（竜）.

《**Crocodîlus**, i. Lus. Crocodillo, ou lagarto. Iapo Riô, tatçu.》

17 世紀初頭に成った『日葡』にはこの「鰐」は採録されていないが，18 世紀初頭になると，この「鰐」が見られるようになる．

(38)　無角龍《つのなしたつ》　東埔寨《カンボウチヤ》の河中に多し，大蛇なり．常に河底に居て偶

《たまたま》人を悩すときは人殺レ之して食す.（西川如見『増補華夷通商考』,「東浦巻」の項. 1708）

の「つのなしたつ（角なし竜)」がそれである. なお, 和漢三才図会（1712自序）は,「鰐（わに)」の項に今日のワニに近い挿絵を載せている.

さて,

Ⅳ　『日葡』の Vani（ワニ）の語義解説の中の人間を食うという魚は, 人食い鮫のホホジロザメなどである.

と考えられる.

結

小考から得た結論からすると, 冒頭に示した『邦訳』の訳文,

（i） Same. サ メ（鮫）　鱏《えい》あるいは鮫のような魚の一種. ¶ また, 刀（*Catana*）の 柄《つか》や鞘を覆いかぶせるのに使う, この魚の皮.（邦訳）

（ii） Fuca. フカ（鱶）　鮫の類.（同上）

（iii） Vani. ワニ（鰐）　この名で呼ばれる, 人間を食うという魚.（同上）

は,

［i］ **サメ**　Same **【鮫】**　ガンギエイ属のシロガンギなどに似た魚（ガンギエイなど). カスザメ属のニシコロザメなどに似た魚（カスザメ・コロザメ). ¶ また, カタナ（刀）の柄《つか》・鞘に被せるのに使う, この魚の皮.

［ii］ **フカ**　Fuca **【鱶】**　ホホジロザメという魚.

［iii］ **ワニ**　Vani **【鰐】**　こう呼ばれる, 人を食うという魚（ホホジロザメなど).

のように改めるのがよいように思われる.

なお, 鮫鞘については,

鮫鞘は鮫皮を巻くようにして張りつけた鞘で，実際は鮫の皮ではなく，鱝《えい》の皮を用いる．（『有識故実大辞典』，「さや」の項）

のように，「実際は……鱝《えい》の皮を用いる」と説かれるが，『日葡』には，サメの項のほかに，サメザヤの項があり，

サメザヤ　Samezaya【鮫鞘】　ニシコロザメなど（に似たサメ）の皮を被せた鞘.

《Samezaya　Painha cuberta de pelle de lixa.》

と記されている．これによると，鮫鞘は lixa（東大西洋などにいるカスザメ属のニシコロザメなどで，エイによく似たサメ）の皮を被せた鞘ということになり，17 世紀初頭ごろには，サメの皮も用いられていたということになる．

資料・参考資料

日葡辞書（勉誠社影印，1973．清文堂出版影印，1998）

邦訳日葡辞書（土井忠生・森田武・長南実編著，岩波書店，1980 初版，1995 第 4 刷）

羅葡日対訳辞書（勉誠社影印，1979）

原色魚類検索図鑑（北隆館，1963）

原色日本海水魚類図鑑（2 巻，保育社，1995）

世界動物百科（199 分冊，朝日新聞社，1971～1974）

日本産魚類大図鑑（講談社，1973）

日本動物大百科（11 巻，平凡社，2002）

図解日本刀剣事典（学習研究社，2007）

有識故実大辞典（吉川弘文館，1998）

葡国『料理十二ヶ月』：Selecções do Reader's Digest, DOZE MESES DE COZINHA, Lisboa, 1981.

A EDITORA LIMITADA：DICCIONARIO DA LINGUA PORTUGUEZA ETYMOLOGICO PROSODICO E ORTHOGRAPHICO, Lisboa, 1912.

Aulete（Francisco Julio Caldas）：DICCIONARIO CONTEMPORANEO DA LINGUA PORTUGUEZA, 2vols., Lisboa, 1881.

Bluteau (D. Raphael): VOCABULARIO PORTUGUEZ, E LATINO 10 vols., Coimbra, Lisboa, 1712～1728.
Brou (Francisco Pedro): LEXICON LATINO-PORTUGUEZ, Porto, 1890.
Cardoso (Jeronymo): DICTIONARIVM LATINO LVSITANICVM, Lisboa, 1592.
Lemos (Maximiano): ENCYCLOPEDIA PORTUGUEZA ILLUSTRADA DICCIONARIO UNIVERSAL,11vols., Porto, ca. 1910.
Michaelis (H.): NOVO MICHAELIS DICIONARIO ILUSTRADO, 22ª ed., São Paulo, 1979.
Morais (Antonio de Morais Silva): GRANDE DICIONÁRIO DA LÍNGUA PORTUGUESA, 10ª ed.,12 vols., Lisboa, 1949～1959.

記

本章は、平成16年11月27日に開かれた國學院大學国語研究会（平成16年度後期大会）において,「日葡辞書の「サメ」「フカ」「ワニ」について」という題で発表したものに多少手を加えて成ったものである.

（『国学院雑誌』108巻11号，平成19〈2007〉年11月）

■著者紹介

岡崎正継（おかざき　まさつぐ）
昭和九年高知県に生まれる。
國學院大學助手、助教授、教授を経て、現在、國學院大學名誉教授。博士（文学）。

著書
『国語助詞論攷』（平成八年、おうふう）
『古典文法 別記』（平成三年、秀英出版、共著）

研究叢書475

中古中世語論攷

二〇一六年五月一〇日初版第一刷発行
（検印省略）

著者　岡崎正継
発行者　廣橋研三
印刷所　亜細亜印刷
製本所　渋谷文泉閣
発行所　有限会社　和泉書院

大阪市天王寺区上之宮町七－六
〒五四三－〇〇三七
電話　〇六－六七七一－一四六七
振替　〇〇九七〇－八－一五〇四三

本書の無断複製・転載・複写を禁じます

©Masatsugu Okazaki 2016 Printed in Japan
ISBN978-4-7576-0792-7 C3381

研究叢書

和歌三神奉納和歌の研究　神道宗紀著　461　一五〇〇〇円

百人一首の研究　徳原茂実著　462　一〇〇〇〇円

近世文学考究　西鶴と芭蕉を中心として　中川光利著　463　一三〇〇〇円

〈他者〉としての古典　中世禅林詩学論攷　山藤夏郎著　464　一八〇〇〇円

山上憶良と大伴旅人の表現方法　和歌と漢文の一体化　廣川晶輝著　465　八〇〇〇円

義経記　権威と逸脱の力学　藪本勝治著　466　七〇〇〇円

『しのびね物語』注釈　岩坪健著　467　九〇〇〇円

院政鎌倉期説話の文章文体研究　藤井俊博著　468　八〇〇〇円

仮名遣書論攷　今野真二著　469　一〇〇〇〇円

歌謡文学の心と言の葉　小野恭靖著　470　八〇〇〇円

（価格は税別）